FRANCISCO CÂNDIDO XAVIER

PALAVRAS DE VIDA ETERNA

Pelo espírito de

EMMANUEL

EDIÇÃO CEC
COMUNHÃO ESPÍRITA CRISTÃ
Rua Prof. Eurípedes Barsanulfo, 185
UBERABA — M. G.

Esclarecimento ao Leitor

Esta nova edição procura contemplar o texto do autor espiritual Emmanuel, psicografado por Francisco Cândido Xavier, conforme registrado na primeira edição, arquivada e disponível para consulta nos acervos da FEB (Patrimônio do Livro e Biblioteca de Obras Raras).

Dessa forma, as modificações ocorrerão apenas no caso de haver incorreção patente quanto à norma culta vigente da Língua Portuguesa no momento da publicação, ou para atender às diretrizes de normalização editorial previstas no *Manual de Editoração da FEB*, sem prejuízo para o conteúdo da obra nem para o estilo do autor espiritual.

Quando se tratar de caso específico que demandar explicação própria, esta virá como nota de rodapé, para facilitar a compreensão textual.

Para a redação de cada nota explicativa, sempre que necessário foram consultados especialistas das áreas afetas ao tema, como historiadores e linguistas.

A FEB reitera, com esse procedimento, seu respeito às fontes originais e ao fenômeno mediúnico de excelência que foi sempre a marca registrada do inesquecível médium Francisco Cândido Xavier.

FEB Editora
Brasília (DF), 2 de setembro de 2022.

Chico Xavier
Pelo Espírito Emmanuel

Palavras de vida eterna

COLEÇÃO FONTE VIVA

Copyright © 2022 *by*
FEDERAÇÃO ESPÍRITA BRASILEIRA – FEB

Direitos licenciados pela Comunhão Espírita Cristã à Federação Espírita Brasileira
COMUNHÃO ESPÍRITA CRISTÃ – CEC
Rua Professor Eurípedes Barsanulfo, 157/185 – Parque das Américas
CEP 38045-040 – Uberaba (MG) – Brasil

1ª edição – 1ª impressão – 6 mil exemplares – 9/2022

ISBN 978-65-5570-467-9

Esta obra foi revisada com base no texto da primeira edição de 1964.

Todos os direitos reservados. Nenhuma parte desta publicação pode ser reproduzida, armazenada ou transmitida, total ou parcialmente, por quaisquer métodos ou processos, sem autorização do detentor do *copyright*.

FEDERAÇÃO ESPÍRITA BRASILEIRA – FEB
SGAN 603 – Conjunto F – Avenida L2 Norte
70830-106 – Brasília (DF) – Brasil
www.febeditora.com.br
editorial@febnet.org.br
+55 61 2101 6161

Pedidos de livros à FEB
Comercial
Tel.: (61) 2101 6161 – comercial@febnet.org.br

Dados Internacionais de Catalogação na Publicação (CIP)
(Federação Espírita Brasileira – Biblioteca de Obras Raras)

E54p   Emmanuel (Espírito)

         Palavras de vida eterna / pelo Espírito Emmanuel; [psicografado por] Francisco Cândido Xavier. – 1. ed. – 1. imp. – Brasília: FEB; Uberaba: CEC, 2022.

         396 p.; 23cm – (Coleção Fonte viva; 5)

         Inclui índice das obras por capítulos e versículos e índice geral

         ISBN 978-65-5570-467-9

         1. Bíblia e Espiritismo. 2. Obras psicografadas. I. Xavier, Francisco Cândido, 1910–2002. II. Federação Espírita Brasileira. III. Título. IV. Coleção.

                                                                    CDD 133.93
                                                                  CDU 133.7
                                                                  CDE 20.03.00

Sumário

Esclarecimento ao Leitor 2
Ante o Divino Mestre 13

1 Recomecemos 15
2 Cresçamos para o bem 17
3 Evitando a tentação 19
4 Amor e temor 21
5 Fé e obras 23
6 No rumo do amanhã 25
7 Melhorar para progredir 27
8 Vida e posse 29
9 Socorro e concurso 31
10 Vencer o mal 33
11 Ajudemos também 35
12 Perante Jesus 37
13 Boas obras 39
14 Benignidade 41
15 No roteiro da fé 43
16 Na senda do Cristo 45
17 Na exaltação do Reino Divino 47
18 Atitudes essenciais 49
19 Ação de graças 51
20 Vigiando 53
21 Compreendendo 55
22 Na palavra e na ação 57

23	Adoração e fraternidade	59
24	Liberdade em Cristo	61
25	Ouvirás decerto	65
26	Açoitando o ar	67
27	Liberdade em Jesus	69
28	Na conquista da liberdade	73
29	No estudo da salvação	75
30	Para vencer o mal	77
31	Combatendo a sombra	79
32	O amor tudo sofre	81
33	Acalma-te	83
34	Prossigamos	85
35	Observemos amando	87
36	Coração puro	89
37	Reparemos nossas mãos	91
38	Salvar-se	93
39	No auxílio a todos	95
40	Enquanto podes	97
41	Se andarmos na luz	99
42	No serviço mediúnico	101
43	Na mediunidade	103
44	Ação	105
45	No sustento da paz	107
46	Na tarefa da paz	109
47	Estejamos em paz	111
48	Dinheiro e atitude	113
49	Caridade e riqueza	115
50	Confiemos alegremente	117

51	No solo do espírito	119
52	Palavra falada	121
53	Palavra escrita	123
54	Aprimoremos	125
55	Suportemos	127
56	Jesus e dificuldade	129
57	Jesus e paz	131
58	Em honra da liberdade	133
59	Em louvor do equilíbrio	135
60	Terra, bênção divina	137
61	Perdão, remédio santo	139
62	No campo do verbo	141
63	No campo da vida	143
64	Êxito	145
65	Defesa	147
66	O primeiro passo	149
67	A melhor medida	151
68	Aguardemos	153
69	Na luz da compaixão	155
70	Pacifica sempre	157
71	Olhos	159
72	Ouvidos	161
73	Excesso	163
74	Nossa cruz	165
75	Libertemos	167
76	Socorramos	169
77	Se procuras o melhor	171
78	Melhorando sempre	173

79	Pacifiquemos	175
80	Bendigamos	177
81	Prosseguindo	179
82	Tua obra	181
83	Presença divina	183
84	Divinos dons	185
85	Se aspiras a servir	187
86	Não te inquietes	189
87	Alimento verbal	191
88	Vasos de barro	193
89	Inesquecível advertência	195
90	Em constante renovação	197
91	Apreço	199
92	Solidariedade	201
93	Serviço e inveja	203
94	Beneficência e paciência	205
95	Aprendendo	207
96	Nas palavras	209
97	Pai e amigo	211
98	Filho e censor	213
99	Reclamações	215
100	Queixumes	217
101	De acordo	219
102	Nas contas	221
103	Produzimos	223
104	Existimos	225
105	Estejamos atentos	227
106	Confiemos servindo	229

107	Compaixão em família	231
108	Paz em casa	233
109	Na esfera da língua	235
110	No campo do afeto	237
111	Perante os inimigos	239
112	Diante da justiça	241
113	Agradeçamos sempre	243
114	Fraternalmente amigos	245
115	Com firmeza	247
116	Na execução do melhor	249
117	Espera por Deus	251
118	Ante a palavra do Cristo	253
119	Nos problemas da posse	255
120	Nos domínios do bem	257
121	Chamamento ao amor	259
122	Convite ao estudo	261
123	No pão espiritual	263
124	Permaneçamos fiéis	265
125	No convívio do Cristo	267
126	Na rota do Evangelho	269
127	Chamamento divino	271
128	Desculpismo	273
129	Na fonte do bem	275
130	Na luz da verdade	277
131	Diante do conformismo	279
132	Diante da Providência	281
133	Em torno da liberdade	283
134	Pão	285

135	Diante do Mestre	287
136	Na vitória real	289
137	Crença	291
138	Ordem	293
139	Religião pura	295
140	Diante da Justiça	297
141	Hospitalidade	299
142	No bem de todos	301
143	Ao clarão da verdade	303
144	Exemplificar	305
145	Enquanto temos tempo	307
146	Sirvamos em paz	309
147	Mãos em serviço	311
148	No bom combate	313
149	Todos os dias	315
150	Sempre agora	317
151	Rogar	319
152	Descansar	321
153	Conceito de salvação	323
154	Nas trilhas da fé	325
155	Paz em nós	327
156	Segundo agimos	329
157	Na construção do Mestre	331
158	Vontade Divina	333
159	Aprendamos, no entanto…	335
160	Reconheçamos, porém…	337
161	Nos padrões de Jesus	339
162	Tende fé em Deus	341

163	No plano do bem	343
164	Asseio verbal	345
165	Nos domínios da ação	347
166	No ato de orar	349
167	Legião	351
168	Teste	353
169	Testemunho doméstico	355
170	Conta pessoal	357
171	Paciência em estudo	359
172	Oração e cooperação	361
173	Rixas e queixas	363
174	Amigos de Jesus	365
175	No convívio do Cristo	367
176	No dia da incerteza	369
177	Na esfera do reajuste	371
178	Adversários e delinquentes	373
179	Discernir e corrigir	375
180	Deus te abençoa	377

Índice das obras por capítulos e versículos 379

Índice geral 385

Ante o Divino Mestre

Senhor!

No dia de Pentecostes, quando quiseste reafirmar as Boas-Novas do intercâmbio, entre o Mundo dos Homens e o Mundo dos Espíritos, deliberaste agir de público, sem que ministros ou líderes humanos estivessem superintendendo a reunião.

Pedro e os companheiros oravam, depois de providências para que alguém ocupasse o lugar vazio de Judas, quando "todos ficaram repletos do Espírito Santo e passaram a falar em outras línguas, segundo o Espírito lhes concedia que falassem".[1]

Com isso não desejamos dizer que desprestigiavas a autoridade e a organização que honorificas com o teu apreço, e sim que podes administrar os teus dons inefáveis sem a intervenção de ninguém.

O narrador evangélico vai mais longe. Conta-nos, ainda, que a multidão te escutou o verbo renovador, tomada de assombro, porquanto, fizeste com que cada um dos circunstantes te ouvisse o comunicado "em seu próprio idioma".[2]

Rememoramos semelhante passagem dos primeiros dias apostólicos, para rogar-te apoio no limiar deste livro.

---

[1] Nota do autor espiritual: Atos, 2:4.
[2] Nota do autor espiritual: Atos, 2:6.

Estamos agrupados nestas páginas – os leitores amigos e nós outros –, procurando o sentido de teus ensinamentos com as chaves da Doutrina Espírita, que nos legaste pelas mãos de Allan Kardec.

Aqui entrelaçamos atenção e pensamento, sem outras credenciais que não sejam as nossas necessidades do coração.

Respeitamos, Senhor, todos os templos que te reverenciam o nome e todos os poderes religiosos que te dignificam no mundo, mas temos sede das tuas palavras de vida eterna, escoimadas de qualquer suplementação.

Viajores de longos e escabrosos caminhos, trazemos a alma fatigada de supremacias e domínios, pretensões e contendas estéreis!...

Reunidos, pois, a fim de ouvir-te as lições claras e simples, nós te pedimos entendimento. E, lembrando-te a presença no monte, à frente da turba sequiosa de consolo e esperança, nós te suplicamos, ainda, inspiração e bênção, para que te possamos compreender e aproveitar o exemplo de amor e a mensagem de luz.

Emmanuel
Uberaba (MG), 14 de setembro de 1964.

1
Recomecemos

Ninguém põe remendo de pano novo em vestido velho.
Jesus (*Mateus*, 9:16.)

Não conserves lembranças amargas.
Viste o sonho desfeito.
Escutaste a resposta de fel.
Suportaste a deserção dos que mais amas.
Fracassaste no empreendimento.
Colheste abandono.
Padeceste desilusão.
Entretanto, recomeçar é bênção na Lei de Deus.
A possibilidade da espiga ressurge na sementeira.
A água, feita vapor, regressa da nuvem para a riqueza da fonte.
Torna o calor da primavera, na primavera seguinte.
Inflama-se o horizonte, cada manhã, com o fulgor do Sol, reformando o valor do dia.
Janeiro a Janeiro, renova-se o ano, oferecendo novo ciclo ao trabalho.

É como se tudo estivesse a dizer: "Se quiseres, podes recomeçar."

Disse, porém, o Divino Amigo que ninguém aproveita remendo novo em pano velho.

Desse modo, desfaze-te do imprestável.

Desvencilha-te do inútil.

Esquece os enganos que te assaltaram.

Deita fora as aflições improfícuas.

Recomecemos, pois, qualquer esforço com firmeza, lembrando-nos, todavia, de que tudo volta, menos a oportunidade esquecida, que será sempre uma perda real.

2
Cresçamos para o bem

Porque aquele que Deus enviou fala as palavras de Deus, pois não lhe dá Deus o espírito por medida.
Jesus (*João*, 3:34.)

Observa a munificência das concessões divinas por toda a parte.

Enquanto o homem raciona a distribuição desse ou daquele recurso, Deus não altera as suas leis de abundância.

Anota na Terra em torno de ti:

O Sol magnificente nutrindo a vida em todas as direções...

O ar puro e sem medida...

A fonte que se dá sem reservas...

Tudo infinitamente doado a todos.

Tudo liberalmente repartido.

Qual ocorre às concessões do Senhor na ordem material, acontece no reino do espírito.

As portas da sabedoria e do amor jazem constantemente abertas. Os tesouros da Ciência e as alegrias da compreensão humana, as glórias da arte e as luzes da sublimação interior são acessíveis a todas as criaturas.

No entanto, do rio de graças da vida, cada alma somente retira a porção de riquezas que possa perceber e utilizar proveitosamente.

Estuda, observa, trabalha e renova-te para o bem.

Amplia a visão que te é própria e auxilia os outros, ajudando a ti mesmo.

Recorda que Deus a ninguém dá seus dons por medida, contudo, cada alma traz consigo a medida que instalou no próprio íntimo para a recepção dos dons de Deus.

3
Evitando a tentação

Vigiai e orai para não entrardes em tentação.
Jesus (*Marcos*, 14:38.)

Vigiar não quer dizer apenas guardar. Significa também precaver-se e cuidar. E quem diz cuidar afirma igualmente trabalhar e defender-se.

Orar, a seu turno, não exprime somente adorar e aquietar-se, mas, acima de tudo, comungar com o Poder Divino, que é crescimento incessante para a luz, e com o Divino Amor, que é serviço infatigável no bem.

Tudo o que repousa em excesso é relegado pela Natureza à inutilidade.

O tesouro escondido transforma-se em cadeia de usura. A água estagnada cria larvas de insetos patogênicos.

Não te admitas na atitude de vigilância e oração, fugindo à luta com que a Terra te desafia.

Inteligência parada e mãos paradas impõem paralisia ao coração que, da inércia, cai na cegueira.

Vibra com a vida que estua, sublime, ao redor de ti, e trabalha infatigavelmente, dilatando as fronteiras do bem, aprendendo e ajudando aos outros em teu próprio favor. Essa é a mais alta fórmula de vigiar e orar para não cairmos em tentação.

4
Amor e temor

O perfeito amor lança fora o temor.
(I João, 4:18.)

Para que nossa alma se expanda sem receio, através das realizações que o Senhor nos confia, não basta o imperfeito amor que estipula salários de gratidão ou que se isola na estufa do carinho particular, reclamando entendimento alheio.

É necessário rendamos culto ao perfeito amor que tudo ilumina e a todos se estende sem distinção.

O imperfeito amor, procurando o gozo próprio no concurso dos outros, é quase sempre o egoísmo em disfarce brilhante, buscando a si mesmo nas almas afins para atormentá-las sob múltiplas formas de temor, quais sejam a exigência e o ciúme, a crueldade e o desespero, acabando ele próprio no inferno da amargura e da frustração.

O perfeito amor, contudo, compreende que o Pai Celeste traçou caminhos infinitos para a evolução e aprimoramento das almas, que a felicidade não é a mesma para todos e que amar significa entender e ajudar, abençoar e sustentar sempre os corações queridos, no degrau de luta que lhes é próprio.

Para que te libertes, assim, das algemas do medo, não basta te acolhas no anseio de ser ardentemente querido e auxiliado pelos outros, segundo as disposições do amor incompleto. É indispensável saibas amar, com abnegação e ternura, entre a esperança incansável e o serviço incessante pela vitória do bem, sob a tutela dos quais viverás sempre amado, segundo o amor equilibrado e perfeito, pela força divina que nos ergue, triunfante, dos abismos da sombra para os cimos da luz.

5
Fé e obras

A fé, se não tiver obras, é morta em si mesma.
(Tiago, 2:17.)

Imaginemos o mundo transformado num templo vasto, respeitável sem dúvida, mas plenamente superlotado de criaturas em perene adoração ao Céu.
Por dentro, a fé reinando sublime:

Orações primorosas...
Discursos admiráveis...
Louvores e cânticos...

Mas, por fora, o trabalho esquecido:

Campos ao desamparo...
Enxadas ao abandono...
Lareiras em cinza...

De que teria valido a exaltação exclusiva da fé, senão para estender a morte no mundo que o Senhor nos confiou para a glória da vida?

Não te creias, desse modo, em comunhão com a Divina Majestade, simplesmente porque te faças cuidadoso no culto externo da religião a que te afeiçoas.

Conhecimento nobre exige atividade nobre.

Elevação espiritual é também dever de servir ao Eterno Pai na pessoa dos semelhantes.

É por isso que fé e obras se completam no sistema de nossas relações com a Vida Superior.

Prece e trabalho.

Santuário e oficina.

Cultura e caridade.

Ideal e realização.

Nesse sentido, Jesus é o nosso exemplo indiscutível.

Não se limitou o Senhor a simples glorificação de Deus nos Paços Divinos, quanto à edificação dos homens. Por amar infinitamente a Deus, na sublime tarefa que lhe foi cometida, desceu à esfera dos homens e entregou-se à obra do amor infatigável, levantando-nos da sombra terrestre para a Luz Espiritual.

6
No rumo do amanhã

*Pois que aproveitaria ao homem ganhar
todo o mundo e perder a sua alma?*
JESUS (*Marcos*, 8:36.)

Lembra-te de viver, conquistando a glória eterna do espírito.

Diariamente retiram-se da Terra criaturas cujo passo se imobiliza nos angustiosos tormentos da frustração...

Estendem os braços para o ouro que amontoaram, contudo... esse ouro apenas lhes assegura o mausoléu em que se lhes guardam as cinzas.

Alongam a lembrança para o nome em que se ilustraram nos eventos humanos, todavia... quase sempre a fulguração pessoal de que se viram objeto apenas lhes acorda o coração para a dor do arrependimento tardio.

Contemplam o campo de luta em que desenvolveram transitório domínio, mas... não enxergam senão a poeira da desilusão que lhes soterra os sonhos mortos.

Sim, em verdade, passaram no mundo em carros de triunfo na política, na fortuna, na ciência, na religião, no poder...

No entanto, incapazes do verdadeiro serviço aos semelhantes, enganaram tão somente a si próprios, no culto ao egoísmo e ao orgulho, à intemperança e à vaidade que lhes devastaram a vida.

E despertam, além da morte, sem recolher-lhe a renovadora luz.

Recorda os que padecem na derrota de si mesmos, depois de se acreditarem vencedores, dos que choram as horas perdidas, e procura, enquanto é hoje, enriquecer o próprio espírito para o amanhã que te aguarda, porque, consoante o ensino do Senhor, nada vale reter por fora o esplendor de todos os impérios do mundo, conservando a treva por dentro do coração.

7
Melhorar para progredir

E a um deu cinco talentos e a outro dois e a outro um, a cada um segundo a sua capacidade [...].
Jesus (*Mateus*, 25:15.)

Melhorar para progredir – eis a senha da evolução.

Passa o rio dos dons divinos em todos os continentes da vida, contudo, cada ser lhe recolhe as águas, segundo o recipiente de que se faz portador.

Não olvides que os talentos de Deus são iguais para todos, competindo a nós outros a solução do problema alusivo à capacidade de recebê-los.

Não te percas, desse modo, na lamentação indébita.

Uma hora anulada na queixa é vasto patrimônio perdido no preparo da justa habilitação para a meta a alcançar.

Muitos suspiram por tarefas de amor, confiando-se à aversão e à discórdia, enquanto que muitos outros sonham servir à luz, sustentando-se nas trevas da ociosidade e da ignorância.

A alegria e o fulgor dos cimos jazem abertos a todos aqueles que se disponham à jornada de ascensão.

Se te afeiçoas, assim, aos ideais de aprimoramento e progresso, não te afastes do trabalho que renova, do estudo que aperfeiçoa, do perdão que ilumina, do sacrifício que enobrece e da bondade que santifica...

Lembra-te de que o Senhor nos concede tudo aquilo de que necessitamos para comungar-lhe a glória divina, entretanto, não te esqueças de que as dádivas do Criador se fixam, nos seres da Criação, conforme a capacidade de cada um.

8
Vida e posse

Não é a vida mais que o alimento?
JESUS (*Mateus*, 6:25.)

Aconselha-te com a prudência para que teu passo não ceda à loucura.

Há milhares de pessoas que efetuam a romagem carnal, amontoando posses exteriores, à gana de ilusória evidência.

Senhoreiam terras que não cultivam.

Acumulam ouro sem proveito.

Guardam larga cópia de vestimenta sem qualquer utilidade.

Retém grandes arcas de pão que os vermes devoram.

Disputam remunerações e vantagens de que não necessitam.

E imobilizam-se no medo ou no tédio, no capricho maligno ou nas doenças imaginárias, até que a morte lhes reclama a devolução do próprio corpo.

Não olvides, assim, a tua condição de usufrutuário do mundo e aprende a conservar no próprio íntimo os valores da Grande Vida.

Vale-te dos bens passageiros para estender o bem eterno.

Aproveita os obstáculos para incorporar a riqueza da experiência.

Não retenhas recursos externos de que não careças.

Não desprezes lição alguma.

Começa a luta de cada dia, com o deslumbramento de quem observa a beleza terrestre pela primeira vez e agradece a paz da noite como quem se despede do mundo para transferir-se de residência.

Ama pela glória de amar.

Serve sem prender-te.

Lembra-te de que amanhã restituirás à vida o que a vida te emprestou, em nome de Deus, e que os tesouros de teu espírito serão apenas aqueles que houveres amealhado em ti próprio, no campo da educação e das boas obras.

9
Socorro e concurso

Quantos pães tendes?
Jesus (*Marcos*, 8:5.)

Observemos que o Senhor, diante da multidão faminta, não pergunta aos companheiros: – "de quantos pães necessitamos?" mas, sim, "quantos pães tendes?".

A passagem denota a precaução de Jesus no sentido de alertar os discípulos para a necessidade de algo apresentar à Providência Divina como base para o socorro que suplicamos.

Em verdade, o Mestre conseguiu alimentar milhares de pessoas, mas não prescindiu das migalhas que os apóstolos lhe ofereciam.

O ensinamento é precioso para a nossa experiência de oração.

Não vale rogar as concessões do Céu, alongando mãos vazias, com palavras brilhantes e comoventes, mas sim pedir a proteção de que carecemos, apresentando, em nosso favor, as possibilidades ainda que diminutas de nosso esforço próprio.

Não adianta solicitar as bênçãos do pão imobilizando os braços no gelo da preguiça, como é de todo impróprio rogar os talentos do amor, calcinando o coração no fogo do ódio.

Decerto, o Senhor operará maravilhas, no amparo a todos aqueles que te partilham a marcha...

Dispensará socorro aos que amas, transformará o quadro social em que te situas e exaltará o templo doméstico em que respiras...

Contudo, para isso, é necessário lhe ofereças os recursos que já conseguiste amontoar em ti mesmo para a extensão do progresso e para a vitória do bem.

Não te esqueças, pois, de que no auxílio aos outros não prescindirá o Senhor do auxílio, pequenino embora, que deve encontrar em ti.

10
Vencer o mal

Não te deixes vencer pelo mal, mas vence o mal com o bem.
Paulo (*Romanos*, 12:21.)

Comumente empregamos a expressão "guerrear o mal", como se bastassem nossas atitudes mais fortes para exterminá-lo e vencê-lo.

Sem dúvida, semelhante conceituação não é de todo imprópria, porque, em muitas circunstâncias, para limitá-lo não podemos dispensar vigilância e firmeza.

Ainda assim, muitas vezes, zurzindo-lhe as manifestações com violência, criamos outros males a se expressarem através de feridas que apenas o bálsamo do tempo consegue cicatrizar.

O apóstolo, contudo, é claro na fórmula precisa ao verdadeiro triunfo.

"Não te deixes vencer pelo mal, mas vence o mal com o bem."

Perseguir, quase sempre, é fomentar.

O melhor processo de extinguir a calúnia e a maledicência é confiar nosso próprio verbo à desculpa e à bondade. O recurso mais eficiente contra a preguiça é o nosso exemplo firme no trabalho constante. O meio mais seguro de reajustar aqueles que desajudam ao próximo é ajudar incessantemente. O remédio contra a maldição é a bênção. Os antídotos para o veneno da injúria são a paz do silêncio e o socorro da prece.

Por isso mesmo, Jesus ensinou:

"Amai os vossos inimigos.
Bendizei os que vos maldizem.
Orai por aqueles que vos maltratam e caluniam.
Perdoai setenta vezes sete.
Ofertai amor aos que vos odeiam".

Podemos, pois, muitas vezes, combater o mal para circunscrever-lhe a órbita de ação, mas a única maneira de alcançar a perfeita vitória sobre ele será sempre a nossa perfeita consagração ao bem irrestrito.

11
Ajudemos também

Ele respondeu e disse: Dai-lhes vós, de comer. [...]
(*Marcos*, 6:37.)

Em muitas ocasiões propomos a Benfeitores Espirituais determinados serviços que, acima de tudo, são oportunidades de trabalho que o Senhor, abnegado e vigilante, nos oferece.

Enunciamos rogativas e relacionamos diversos quadros de ação para a caridade.

O doente de certa rua.

O parente necessitado.

O obsesso que sofre não distante.

A casa conflagrada do vizinho.

O companheiro algemado ao leito.

O amigo em prova inquietante.

Os obreiros da Espiritualidade movimentam-se e ajudam, devotados e operosos; contudo, em suplicando o socorro alheio, não nos cabe olvidar o socorro que podemos prestar por nós mesmos.

É indispensável acionar as possibilidades da nossa cooperação fraterna, os recursos ainda que reduzidos de nossa bolsa, o nosso concurso pessoal, o nosso suor e as nossas horas, a benefício daqueles que a Sabedoria Divina situou em nossa estrada para testemunharmos a própria fé.

Diante da turba faminta, ouvindo as alegações dos discípulos que lhe solicitavam a atenção para as necessidades do povo, disse-lhes o Senhor: – "Dai-lhes vós, de comer. [...]"

E os discípulos angariaram diminuta porção de alimento, antes que o Mestre a convertesse em pão para milhares.

A lição é expressiva.

Não basta rogar a intervenção do céu, em favor dos outros, com frases bem feitas, a fim de que venhamos a cumprir o nosso dever cristão. Antes de tudo, é necessário fazer de nossa parte, quanto nos seja possível, para que o bem se realize, de modo a entrarmos em sintonia com os poderes do Bem Eterno.

12
Perante Jesus

Porventura sou eu, Senhor?
(*Mateus*, 26:22.)

Diante da palavra do Mestre, reportando-se ao espírito de leviandade e defecção que o cercava, os discípulos perguntaram afoitos:

– "Porventura sou eu, Senhor?"

E quase todos nós, analisando o gesto de Judas, incriminamo-lo em pensamento.

Por que teria tido a coragem de vender o Divino Amigo por trinta moedas?

Entretanto, bastará um exame mais profundo em nós mesmos, a fim de que vejamos nossa própria negação à frente do Cristo.

Judas teria cedido à paixão política dominante, enganado pelas insinuações de grupos famintos de libertação do jugo romano... Teria imaginado que Jesus, no Sinédrio, avocaria a posição de emancipador da sua terra e da sua gente, exibindo incontestável triunfo humano...

E, apenas depois da desilusão dolorosa e terrível, teria assimilado toda a verdade!...

Mas nós?

Em quantas existências e situações tê-lo-emos vendido no altar do próprio coração, ao preço mesquinho de nosso desvairamento individual?

Nos prélios da vaidade e do orgulho...

Nas exigências do prazer egoísta...

Na tirania da opinião...

Na crueldade confessa...

Na caça da fortuna material...

Na rebeldia destruidora...

No olvido de nossos deveres...

No aviltamento de nosso próprio trabalho...

Na edificação íntima do Reino de Deus, meditemos nossos erros conscientes ou não, definindo nossas responsabilidades e débitos para com a vida, para com a Natureza e para com os semelhantes e, em todos os assuntos que se refiram à deserção perante o Cristo, teremos bastante força para desculpar as faltas do próximo, perguntando, com sinceridade, no âmago do coração:

– "Porventura existirá alguém mais ingrato para contigo do que eu, Senhor?"

13
Boas obras

Assim brilhe também a vossa luz diante dos homens para que vejam as vossas boas obras e glorifiquem a vosso Pai que está nos Céus.
Jesus (*Mateus*, 5:16.)

"Brilhe vossa luz" – disse-nos o Mestre –, e muitas vezes julgamo-nos unicamente no dever de buscar as alturas mentais.

E suspiramos inquietos pela dominação do cérebro.

Contudo, o Cristo foi claro e simples no ensinamento.

"Brilhe também a vossa luz diante dos homens para que vejam as vossas boas obras e glorifiquem a vosso Pai que está nos Céus."

Não apenas pela cultura intelectual.

Não somente pela frase correta.

Nem só pelo verbo flamejante.

Não apenas pela interpretação eficiente das Leis Divinas.

Não somente pela prece labial, apurada e comovedora.

Nem só pelas palavras e pelos votos brilhantes.

É indiscutível que não podemos menosprezar a educação da inteligência, mesmo porque a escola, em todos os planos, é obra sublime com que nos cabe honrar o Senhor, mas Jesus, com a referência, convidava-nos ao exercício constante das boas obras, seja onde for, pois somente o coração tem o poder de tocar o coração, e, somente aperfeiçoando os nossos sentimentos, conseguiremos nutrir a chama espiritual em nós, consoante o divino apelo.

Com o amor estimularemos o amor...

Com a humildade geraremos a humildade...

Com a paz em nós ajudaremos a construir a paz dos outros...

Com a nossa paciência edificaremos a paciência alheia.

Com a caridade em nosso passo, semearemos a caridade nos passos do próximo.

Com a nossa fé garantiremos a fé ao redor de nós mesmos.

Atendamos, pois, ao nosso próprio burilamento, porquanto apenas contemplando a luz das boas obras em nós é que os outros entrarão no caminho das boas obras, glorificando a Bondade e a Sabedoria de Deus.

14
Benignidade

*Sede uns para com os outros benignos,
compassivos, perdoando-vos uns aos outros, como
também Deus em Cristo vos perdoou.*
PAULO (*Efésios*, 4:32.)

Meditemos na Tolerância Divina, para que não venhamos a cair nos precipícios da violência.

Basta refletir na desculpa incessante do Céu às nossas fraquezas e crueldades, à frente do Cristo, para que abracemos a justa necessidade da compaixão infatigável uns para com os outros.

Desce Jesus da Espiritualidade Solar, dissipando-nos a sombra. Negamos-lhe guarida. O Supremo Senhor, porém, não nos priva de Sua augusta presença.

O Divino Benfeitor exemplifica o amor incondicional, sanando-nos as mazelas do corpo e da alma, a ensinar-nos a bondade e a renúncia como normas de justa felicidade; contudo, recompensamo-lo com a saliva do escárnio e com a cruz da morte. A Infinita

Sabedoria, no entanto, não nos recusa a herança do Seu Evangelho renovador.

Em nome do Mestre Sublime, protótipo do amor e da paz, fizemos guerras de ódio, acendendo fogueiras de perseguição e extermínio; todavia, o altíssimo Pai não nos cassa a oportunidade de prosseguir caminhando no tempo e no espaço, em busca da evolução.

Reflete na magnanimidade de Deus e não coleciones desapontamentos e mágoas, para que o bem te encontre à feição de canal seguro e limpo.

Guardar ressentimento e vingança, melindre e rancor, é o mesmo que transformar o coração num vaso de fel.

Segundo a advertência do Apóstolo Paulo, usemos constante benignidade uns para com os outros, porque somente assim viveremos no clima de Jesus, que nos trouxe à vida a ilimitada compaixão e o auxílio incessante da Providência Celestial.

15
No roteiro da fé

Se alguém quer vir após mim, negue a si mesmo,
tome cada dia a sua cruz e siga-me.
Jesus (*Lucas*, 9:23.)

O Aviso do Senhor é insofismável.

"Siga-me" – diz o Mestre.

Entretanto, há muita gente a lamentar-se de fracassos e desilusões, em matéria de fé, nas escolas do Cristianismo, por não lhe acatarem o conselho.

Buscam Jesus, fazendo a idolatria em derredor de seus intermediários humanos e, como toda criatura terrestre, os intermediários humanos do Evangelho não podem substituir o Cristo, junto à sede das almas.

Aqui, é o padre católico, caridoso e sincero, contudo, incapaz de oferecer a santidade perfeita.

Ali, é o pastor da Igreja Reformada, atento e nobre, mas inabilitado à demonstração de todas as virtudes.

Acolá, é o médium espírita, abnegado e diligente, todavia distante da própria sublimação.

Mais além, surgem doutrinadores e comentaristas, companheiros e parentes, afeiçoados ao estudo e excelentes amigos, mas ainda longe da integração com o Benfeitor Eterno.

E quase sempre aqueles que os acompanham, na suposição de buscarem o Cristo, ante os mínimos erros a que se arrojam, por força da invigilância ou inexperiência, retiram-se, apressados, do serviço espiritual, alegando desapontamento e amargura.

O convite do Senhor, no entanto, não deixa margem à dúvida.

Não desconhecia Jesus que todos nós, os Espíritos encarnados ou desencarnados que suspiramos pela comunhão com Ele, somos portadores de cicatrizes e aflições, dívidas e defeitos muitas vezes escabrosos. Daí o recomendar-nos: – "Se alguém quer vir após mim, negue a si mesmo, tome cada dia a sua cruz e siga-me."

Se te dispõe, desse modo, a encontrar o Senhor para a edificação da tua felicidade, renuncia com desassombro às bagatelas da estrada, suporta corajosamente as consequências dos teus atos de ontem e de hoje e procura Jesus por Divino Modelo.

Não olvides que há muita diferença entre seguir ao Cristo e seguir aos cristãos.

16
Na senda do Cristo

Amai os vossos inimigos e orai pelos que vos perseguem.
JESUS (*Mateus*, 5:44.)

O caminho de Jesus é de vitória da luz sobre as trevas e, por isso mesmo, repleto de obstáculos a vencer.

Senda de espinhos gerando flores, calvário e cruz indicando ressurreição...

O próprio Mestre, desde o início do apostolado, desvenda às criaturas o roteiro da elevação pelo sacrifício.

Sofre, renunciando ao divino esplendor do Céu, para acomodar-se à sombra terrestre na estrebaria.

Experimenta a incompreensão de sua época.

Auxilia sem paga.

Serve sem recompensa.

Padece a desconfiança dos mais amados.

Depois de oferecer sublime espetáculo de abnegação e grandeza, é içado ao madeiro por malfeitor comum.

Ainda assim, perdoa aos verdugos, olvida as ofensas e volta do túmulo para ajudar.

Todos os seus companheiros de ministério, restaurados na confiança, testemunharam a Boa-Nova, atravessando dificuldade e luta, martírio e flagelação.

Inúteis, desse modo, nos círculos de nossa fé, os petitórios de protecionismo e vantagens inferiores.

Ressurgindo no Espiritismo, o Evangelho faz-nos sentir que tornamos à carne para regenerar e reaprender.

Com o corpo físico, retomamos nossos débitos, nossas deficiências, nossas fraquezas e nossas aversões...

E não superaremos os entraves da própria liberação, providenciando ajuste inadequado com os nossos desejos inconsequentes.

Acusar, reclamar, queixar-se, não são verbos conjugáveis no campo de nossos princípios.

Disse-nos o Senhor – "Amai os vossos inimigos e orai pelos que vos perseguem."

Isso não quer dizer que devamos ajoelhar em pranto de penitência ao pé de nossos adversários, mas sim que nos compete viver de tal modo que eles se sintam auxiliados por nossa atitude e por nosso exemplo, renovando-se para o bem, de vez que, enquanto houver crime e sofrimento, ignorância e miséria no mundo, não podemos encontrar sobre a Terra a luz do Reino do Céu.

17
Na exaltação do Reino Divino

Nisto é glorificado meu Pai, em que deis muito fruto e assim tornar-vos-eis meus discípulos.
Jesus (*João*, 15:8.)

Glorificarás o Senhor Supremo e serás discípulo do Grande Mestre...

Contudo, não apenas porque te mostres entendido nas Divinas Escrituras...

Não somente porque saibas apregoar os méritos da Sublime Revelação, comovendo a quem te ouve...

Não apenas por guardares de cor as tradições dos antepassados...

Não somente por te sustentares assíduo no culto externo...

Não apenas pelo reconforto recebido de mensageiros da Vida Superior...

Não somente por escreveres páginas brilhantes...

Não apenas porque possuas dons espirituais...

Não somente porque demonstres alevantadas aspirações...

A palavra do Evangelho é insofismável.

Glorifiquemos a Deus e converter-nos-emos em discípulos do Cristo, produzindo frutos de paz e aperfeiçoamento, regeneração e progresso, luz e misericórdia.

A semente infecunda, por mais nobre, é esperança cadaverizada no seio da terra.

Assim também, por mais ardente, a fé que não se exprime em obras de educação e de amor, redenção e bondade, é talento morto.

Se te dizes seguidor de Jesus, segue-lhe os passos.

Ajuda, ampara, consola, instrui, edifica e serve sempre.

Façamos algo na extensão do bem de todos.

Somente assim, cresceremos para o Céu, na construção do Reino de Deus.

18
Atitudes essenciais

Qualquer que não tomar a sua cruz e vier após mim, não pode ser meu discípulo.
Jesus (*Lucas*, 14:27.)

Neste passo do Novo Testamento, encontramos a verdadeira fórmula para o ingresso ao Sublime Discipulado.

"Qualquer que não tomar a sua cruz e vier após mim, não pode ser meu discípulo" – afirma-nos o Mestre.

Duas atitudes fundamentais recomenda-nos o Eterno Benfeitor se nos propomos desfrutar-lhe a intimidade – tomar a cruz redentora de nossos deveres e seguir-lhe os passos.

Muitos acreditam receber nos ombros o madeiro das próprias obrigações, mas fogem ao caminho do Cristo; e muitos pretendem perlustrar o caminho do Cristo, mas recusam o madeiro das obrigações que lhes cabem.

Os primeiros dizem aceitar o sofrimento, todavia, andam agressivos e desditosos, espalhando desânimo e azedume por onde passam.

Os segundos creem respirar na senda do Cristo, mas abominam a responsabilidade e o serviço aos semelhantes, detendo-se no escárnio e na leviandade, embora saibam interpretar as lições do Evangelho, apregoando-as com arrazoado enternecedor.

Uns se agarram à lamentação e ao aviltamento das horas.

Outros se cristalizam na ironia e na ociosidade, menosprezando os dons da vida.

Não nos esqueçamos, assim, de que é preciso abraçar a cruz das provas indispensáveis à nossa redenção e burilamento, com amor e alegria, marchando no espaço e no tempo, com o verdadeiro espírito cristão de trabalho infatigável no bem, se aspiramos a alcançar a comunhão com o Divino Mestre.

Não vale apenas sofrer. É preciso aproveitar o sofrimento.

Nem basta somente crer e mostrar o roteiro da fé. É imprescindível viver cada dia, segundo a fé salvadora que nos orienta o caminho.

19
Ação de graças

Tomou o cálice e, tendo dado graças, o deu aos discípulos, dizendo: "Bebei dele todos."
(*Mateus*, 26:27.)

No mundo, as festividades gratulatórias registram invariavelmente os triunfos passageiros da experiência física.

Lautos banquetes comemoram reuniões da família consanguínea, músicas alegres assinalam o término de contendas na justiça dos homens, nas quais, muitas vezes, há vítimas ignoradas, soluçando na sombra.

Com Jesus, no entanto, vemos um ato de ação de graças que parece estranho à primeira vista.

O Mestre Divino ergue hosanas ao Pai, justamente na hora em que vai partir ao encontro do sacrifício supremo.

Conhecerá desoladora solidão no Jardim das Oliveiras...

Padecerá injuriosa prisão...

Meditará na incompreensão de Judas...
Ver-se-á negado por Simão Pedro...
Experimentará o escárnio público...
Será preterido por Barrabás, o delinquente infeliz...
Sorverá fel, sob a coroa de espinhos...
Recolherá o abandono e o insulto...
Sofrerá injustificável condenação...
E receberá a morte na cruz entre dois malfeitores...
Entretanto, agradece...

É que na lógica do Senhor, acima de tudo, brilham os valores eternos do espírito.

O Cristo louva o Todo-Misericordioso pela oportunidade de completar com segurança o seu divino apostolado na Terra, rendendo graças pela confiança com que o Pai o transforma em exemplo vivo para a redenção das criaturas humanas, embora essa redenção lhe custe martírio e flagelação, suor e lágrimas.

Não te percas, desse modo, em lances festivos sobre pretensas conquistas na carne que a morte confundirá hoje ou amanhã, mas, no turbilhão da luta que santifica e aperfeiçoa, saibamos agradecer os recursos com que Deus nos aprimora para a beleza da Luz e para a glória da Vida.

20
Vigiando

*[...] Se alguma virtude há e se algum louvor existe,
seja isso o que ocupe o vosso pensamento.*
PAULO (*Filipenses*, 4:8.)

Trabalhemos vigiando.

Aquilo que nos ocupa o pensamento é a substância de que se nos constituirá a própria vida.

Retiremos, dessa forma, o coração de tudo o que não seja material de edificação do Reino Divino, em nós próprios.

Em verdade, muita sugestão criminosa buscará enevoar-nos a mente, muito lodo da estrada procurar-nos-á as mãos na jornada de cada dia e muito detrito do mundo tentará imobilizar-nos os pés...

É a nuvem da incompreensão conturbando-nos o ambiente doméstico...

É a injúria nascida na palavra inconsciente dos desafetos gratuitos...

É a acusação indébita de permeio com a calúnia destruidora...

É a maledicência convidando-nos à mentira e à leviandade...

É o amigo de ontem que se rende às requisições da treva, passando à condição de censor das nossas qualidades ainda em processo de melhoria...

Entretanto, à frente de todos os percalços, não te prendas às teias da perturbação e da sombra.

Em todas as situações e em todos os assuntos, guardemos a alma nos ângulos em que algo surja digno de louvor, fixando o bem e procurando realizá-lo com todas as energias ao nosso alcance.

Aos mais infelizes, mais amparo.

Aos mais doentes, mais socorro.

E, ocupando o nosso pensamento com os valores autênticos da vida, aprenderemos a sorrir para as dificuldades, quaisquer que sejam, construindo gradativamente, em nós mesmos, o templo vivo da luz para a comunhão constante com o nosso Mestre e Senhor.

21
Compreendendo

*Temos, porém, este tesouro em vasos de barro para que
a excelência do poder seja de Deus e não de nós.*
Paulo (*II Coríntios*, 4:7.)

Sigamos compreendendo.

Lembra-te de que os talentos da fé e o conhecimento superior, o dom de consolar e a capacidade de servir, não obstante laboriosamente conquistados por teu esforço, constituem bênçãos do Criador em teu coração de criatura.

Não te furtes, desse modo, à lavoura do bem, a pretexto de te sentires ainda sob a influência do mal.

Até alcançarmos triunfo pleno sobre os nossos desejos malsãos, sofreremos na vida, seja no corpo de carne ou além dele, os flagelos da tentação.

Tentação da luxúria...

Tentação da vingança...

Tentação da cobiça...

Tentação da crueldade...

Tentações de todos os matizes que emergem do poço de nossos impulsos instintivos ainda não dominados...

Se a tentação, contudo, nasce de nós, a flama da educação e do aprimoramento vem de Deus, conduzindo-nos para a Esfera Superior.

Não te espantes, assim, à frente do conflito da luz e da treva em ti mesmo...

Segue a luz e acertarás o caminho.

Riqueza mediúnica, fulgurações da inteligência, recursos geniais e consagração à virtude são tesouros do Senhor que, na feliz definição do Apóstolo Paulo, transportamos no vaso de barro de nossa profunda inferioridade, a fim de que saibamos reconhecer que todo amor, toda sabedoria, toda santificação, toda excelência e toda beleza da vida não nos pertencem de modo algum, mas sim à glória de Nosso Pai, a quem nos cabe obedecer e servir, hoje e sempre.

22
Na palavra e na ação

E tudo o que fizerdes, seja em palavra, seja em ação, fazei-o em nome do Senhor Jesus, dando por Ele graças a Deus Pai.
Paulo (*Colossenses*, 3:17.)

Dizes-te cristão, declaras-te seguidor de Jesus, afirmas-te cultor do Evangelho...

Isso quer dizer que o nome do Senhor se encontra empenhado em tuas mãos.

Se buscamos o Cristo, decerto é necessário refleti-lo.

É imprescindível, assim, saibamos agir como se lhe fôssemos representantes fiéis, no caminho em que estagiamos.

Lembra-te de semelhante obrigação e, cumprindo-a, libertar-te-ás com facilidade das sombras que te atormentam a marcha.

Assevera-nos o Apóstolo: – "E tudo o que fizerdes, seja em palavra, seja em ação, fazei-o em nome do Senhor Jesus, dando por Ele graças a Deus Pai."

Efetivamente, a palavra e os atos representam a força de exteriorização dos nossos sentimentos e pensamentos.

O coração inspira o cérebro. O cérebro dirige a existência.

A emoção cria a ideia. A ideia plasma as ações.

É preciso, pois, sentir com Jesus para que aprendamos a raciocinar e a servir com Ele.

Alguém nos sugere a extensão da maledicência, nas teias do julgamento precipitado? Há quem nos chame à contemplação das chagas e cicatrizes alheias? Surgem desavenças e mágoas em nosso campo de ação?

Usemos a palavra nos moldes do Benfeitor Sublime, ajudando para o bem de todos, entre a bondade e o perdão.

Somos tentados ao revide por ofensas inesperadas? Sofremos preterição e calúnia, apodo e perseguição? Padecemos íntimo desencanto ou desgostos e angústias no templo familiar?

Usemos a conduta do Sublime Benfeitor, ajudando para o bem de todos, entre o perdão e a bondade.

Seja onde for e com quem for, busca o lado luminoso das criaturas, mobilizando o amor puro, a fim de que estejas em verdade na companhia do Excelso Cultivador, purificando a eira do mundo.

Não basta declarar a nossa condição de aprendizes do Mestre dos mestres. É indispensável estejamos realmente com Ele, para com Ele colaborar na construção da Vida Melhor.

23
Adoração e fraternidade

Ora, temos da parte d'Ele este mandamento, que aquele que ama a Deus, ame também a seu irmão.
João (*I João*, 4:21.)

Construirás santuários primorosos no culto ao Senhor da Vida...

Pronunciarás orações sublimes, exaltando-lhe a glória excelsa...

Tecerás com cintilações divinas a palavra comovente e bela com que lhe definirás a grandeza...

Combinarás com mestria os textos da Escritura Divina para provar-lhe a existência...

Exibirás dons mediúnicos dos mais excelentes de modo a falares d'Ele, com eficiência e segurança, às criaturas irmãs...

Escreverás livros admiráveis, comentando-lhe a sabedoria...

Comporás poemas preciosos, tentando ornamentar-lhe a magnificência...

Clamarás por Ele, em súplicas ardentes, revelando confiança e fidelidade...

Adorá-lo-ás com a tua prece, com a tua arte, com o teu carinho e com a tua inteligência...

Contudo, se não amas a teu irmão, por amor a Ele, Pai Amoroso e Justo, de que te vale o culto filial, estéril e egoísta?

Um simples pai de família, no campo da Humanidade imperfeita, alegra-se e dilata-se nos filhos que, em lhe compreendendo a dedicação, se empenham no engrandecimento da própria casa, através do amparo constante aos irmãos menos felizes.

Incontestavelmente, a lealdade de tua fé representa o perfume de alegria nas tuas relações com o Eterno Senhor, mas não olvides que o teu incessante serviço, na plantação e extensão do bem, é a única maneira pela qual podes realmente servi-lo.

Seja qual for a igreja em que externas a tua reverência à Majestade Divina, guarda, pois, a oração por lâmpada acesa em tua luta de cada dia, mas não te esqueças de que somente amparando os nossos irmãos inexperientes e frágeis, caídos e desditosos, é que, de fato, honraremos a Bênção de Nosso Pai.

24
Liberdade em Cristo

Estais pois firmes na liberdade com que o Cristo nos libertou e não vos submetais de novo ao jugo da escravidão.
PAULO (*Gálatas*, 5:1.)

Meditemos na liberdade com que o Cristo nos libertou das algemas da ignorância e da crueldade.

Não lhe enxergamos qualquer traço de rebeldia em momento algum.

Através de todas as circunstâncias, sem perder o dinamismo da própria fé, submete-se, valoroso, ao arbítrio de nosso Pai.

Começa a Missão Divina, descendo da Glória Celestial para o estreito recinto da manjedoura desconhecida.

Não exibe uma infância destacada no burgo em que se acolhe a sua equipe familiar; respira o ambiente da vida simples, não obstante a Luz Sublime com que supera o nível intelectual dos doutores de sua época.

Inicia o apostolado da Boa-Nova, sem constranger as grandes inteligências a lhe aceitarem a doutrina santificante, contentando-se com a adesão dos pescadores de existência singela.

Fascinando as multidões com a sua lógica irresistível, não lhes açula qualquer impulso de reivindicação social, ensinando-as a despertar no próprio coração os valores do espírito.

Impondo-se pela grandeza única que lhe assinala a presença, acenam-lhe com uma coroa de rei, que Ele não aceita.

Observando o povo jugulado por dominadores estrangeiros, não lhe aconselha qualquer indisciplina, recomendando-lhe, ao invés disso, "dar a César o que é de César e a Deus o que é de Deus."

Sabe que Judas, o companheiro desditoso, surge repentinamente possuído por desvairada ambição política, firmando conchavos com perseguidores da sua Causa Sublime, contudo, não lhe promove a expulsão do círculo mais íntimo.

Não ignora que Simão Pedro traz no âmago da alma a fraqueza com que o negará diante do mundo, mas não se exaspera, por isso, e ajuda-o cada vez mais.

Ele, que limpara leprosos e sarara loucos, que restituíra a visão aos cegos e o movimento aos paralíticos, não se exime à prisão e ao escárnio público, à flagelação e à cruz da morte.

Reflitamos, pois, que a liberdade, segundo o Cristo, não é o abuso da faculdade de raciocinar, empreender e fazer, mas sim a felicidade de obedecer a Deus, construindo o bem de todos, ainda mesmo sobre o nosso próprio sacrifício, porque somente nessa base estamos enfim livres para atender aos desígnios do Eterno Pai, sem necessidade de sofrer o escuro domínio das arrasadoras paixões que nos encadeiam o espírito por tempo indeterminado às trevas expiatórias.

25
Ouvirás decerto

Salva-te a ti mesmo e desce da cruz.
(*Marcos*, 15:30.)

Se te encontras realmente empenhado na execução do bem, ouvirás, decerto, as provocações do mal em todos os instantes de testemunho.

– "Se, em verdade, vives à procura do Cristo, por que choras sob o fardo das provações?"

– "De que te serve a fé para o caminho de tanta dor?"

– "Se és médium com tarefa na caridade, onde estão os Espíritos protetores que te não aliviam as amarguras?"

– "Se guardas confiança em Jesus, mostra-te livre dos obstáculos…"

– "Se louvas o Espiritismo como Doutrina de luz, por que te demoras na sombra das aflições?"

Registarás[3] interrogações como essas a cada passo.

É necessário te reveles à altura do conhecimento superior com que a Bondade Divina te favorece, demonstrando que os princípios sublimes de tua fé não se movimentam

---
[3] N.E.: Forma pouco usual para o verbo "registrar".

na direção do conforto imediatista da carne, mas sim no rumo do burilamento espiritual, pelos tempos afora.

Ensinarás com o teu exemplo que o Evangelho não é oficina de vantagens na experiência material, mas sim templo de trabalho redentor para que venhamos a consertar nós mesmos, diante da Vida Eterna.

Farás da mediunidade instrumento para a lavoura do bem, ainda mesmo te custe imensuráveis sacrifícios, ajudando aos outros sem cogitar de auxílio a ti mesmo, como quem sabe que a Lei do Amor é o sustentáculo do Universo, providenciando socorro natural a quem se consagra ao socorro dos semelhantes.

Converterás o Espiritismo, na tua senda, em força educativa da alma, sem exigir que o mundo se te afeiçoe às conveniências.

Buscarás a luz onde a luz se encontre.

Desculparás toda ofensa.

Elegerás na fraternidade a tua bandeira.

Conjugarás o verbo servir onde estiveres.

Começarás o trabalho de redenção em ti mesmo.

Orarás por quem te fira ou calunie.

Amarás os próprios adversários.

Ajudarás sem exigência.

Contudo, para o exercício de semelhante apostolado, não passarás sobre a Terra sem o assédio da incompreensão e do escárnio, porque o próprio Cristo foi por eles visado, através daqueles que, em lhe rodeando o madeiro de sacrifício, lhe gritavam, zombeteiros e irônicos:

– "Salva-te a ti mesmo e desce da cruz."

26
Açoitando o ar

*Eu por minha parte assim corro, não como na incerteza;
de tal modo combato, não como açoitando o ar.*
Paulo (*I Coríntios*, 9:26.)

Definindo o trabalho intenso que lhe era peculiar na extensão do Evangelho, disse o Apóstolo Paulo com inegável acerto: – "Eu por minha parte assim corro, não como na incerteza; de tal modo combato, não como açoitando o ar."

Hoje como ontem, milhares de aprendizes da Boa-Nova gastam-se inutilmente, através da vida agitada, asseverando-se em atividade do Mestre, quando apenas simbolizam números vazios nos quadros da precipitação.

Possuem planos admiráveis que nunca realizam.

Comentam, apressados, os méritos do amor, guardando lamentável indiferença para com determinados familiares que o Senhor lhes confia.

Exaltam a tolerância, como fator de equilíbrio no sustento da paz, contudo se queixam amargamente do chefe que lhes preside o serviço ou do subordinado que lhes empresta concurso.

Recebem os problemas que o mundo lhes oferece, buscando o escape mental.

Expressam-se, acalorados, em questões de fé, alimentando dúvidas íntimas quanto à imortalidade da alma.

Exigem a regeneração plena dos outros, sem cogitar de reajustamento a si mesmos.

Clamam, acusam, projetam, discutem, correm, sonham...

Mas, visitados pela crise que afere em cada Espírito os valores que acumulou em si próprio, diante da vida eterna, vacilam, desencantados, nas sombras da incerteza, e, quando chamados pela morte do corpo à grande renovação, reconhecem, aflitos, que em verdade estiveram na carne combatendo improficuamente, como quem passa na Terra açoitando o ar.

27
Liberdade em Jesus

Para a liberdade Cristo nos libertou; permanecei, pois, firmes e não vos dobreis novamente a um jugo de escravidão.
Paulo (*Gálatas*, 5:1.)

Disse o Apóstolo Paulo, com indiscutível acerto, que "para a liberdade Cristo nos libertou".

E não são poucos aqueles que na opinião terrestre definem o Senhor como sendo um revolucionário comum.

Não raro, pintam-no à feição de petroleiro vulgar, ferindo instituições e derrubando princípios.

Entretanto, ninguém no mundo foi mais fiel cultor do respeito e da ordem.

Através de todas as circunstâncias, vemo-lo interessado, acima de tudo, na lealdade a Deus e no serviço aos homens.

Não exige berço dourado para ingressar no mundo.
Aceita de bom grado a infância humilde e laboriosa.
Abraça os companheiros de ministério, quais se mostram, sem deles reclamar certidão de heroísmo e de santidade.

Nunca se volta contra a autoridade estabelecida.

Trabalha na extinção da crueldade e da hipocrisia, do simonismo e da delinquência, mas em momento algum persegue ou golpeia os homens que lhes sofrem o aviltante domínio.

Vai ao encontro dos enfermos e dos aflitos para ofertar-lhes o coração.

Serve indistintamente.

Sofre a incompreensão alheia, procurando compreender para ajudar com mais segurança.

Não espera recompensa, nem mesmo aquela que surge em forma de simpatia e entendimento nos círculos afetivos.

Padece a ingratidão de beneficiados e seguidores, sem qualquer ideia de revide.

Recebe a condenação indébita e submete-se aos tormentos da cruz, sem recorrer à justiça. E ninguém se fez mais livre que Ele – livre para continuar servindo e amando, através dos séculos renascentes.

Ensinou-nos, assim, não a liberdade que explode de nossas paixões indomesticadas, mas a que verte, sublime, do cativeiro consciente às nossas obrigações, diante do Pai Excelso.

Nas sombras do "eu", a liberdade do "faço o que quero" frequentemente cria a desordem e favorece a loucura.

Na luz do Cristo, a liberdade do "devo servir" gera o progresso e a sublimação.

Assimilemos do Mestre o senso da disciplina.

Se quisermos ser livres, aprendamos a obedecer.

Apenas através do dever retamente cumprido, permaneceremos firmes, sem nos dobrarmos diante da escravidão a que, muitas vezes, somos constrangidos pela inconsequência de nossos próprios desejos.

28
Na conquista da liberdade

Porque vós, irmãos, fostes chamados à liberdade, porém, não useis da liberdade para dar ocasião à carne; sede, antes, servos uns dos outros pelo amor.
PAULO (*Gálatas*, 5:13.)

A mente humana, antes do contato com o Cristo, o Divino Libertador, padecia milenárias algemas de servidão.

Era o cativeiro da violência, convertendo o mundo em arena de senhores e escravos...

Era o grilhão implacável do ódio garantindo impunidade aos crimes de raça...

Era a treva da ignorância aprisionando a inteligência nas teias do vício dourado...

Era a obsessão da guerra permanente, encarcerando os povos em torrentes de sangue e lama...

Cristo veio, porém, e conquistando a libertação espiritual do mundo, a preço de sacrifício, descerra novos horizontes à Humanidade.

Da Manjedoura à Cruz, movimenta-se o Amigo Divino, reintegrando o homem na posse da simplicidade, do equilíbrio, da esperança, da alegria e da vida eterna que constituem fatores essenciais da justa libertação do espírito.

Devemos, pois, ao Senhor, a felicidade de nossa gradativa independência, para a imortalidade; entretanto, para atingir a glória divina a que estamos destinados, é preciso saibamos renunciar conscientemente à nossa própria emancipação, sustentando-nos no serviço espontâneo em favor dos outros, porquanto somente através da nossa voluntária rendição ao dever, por amor aos nossos próprios deveres, é que realmente alcançaremos a auréola da liberdade vitoriosa.

29
No estudo da salvação

*E todos os dias acrescentava o Senhor à Igreja
aqueles que se encontravam em salvação.*
(*Atos*, 2:47.)

A expressão fraseológica do texto varia por vezes, acentuando que o Senhor acrescentava à comunidade apostólica todos aqueles "que estavam se salvando" ou "que se iam salvar".

De qualquer modo, porém, a notícia serve de base a importante estudo da salvação.

Muita gente acredita que salvar-se será livrar-se de todos os riscos, na conquista da suprema tranquilidade.

Entretanto, vemos o Cristo apartando as almas em processo de salvação para testemunho incessante no sacrifício.

Muitos daqueles que foram acrescentados, ao serviço da Igreja nascente, conheceram aflição e martírio, lapidação e morte.

Designados por Jesus para a Obra Divina, não se forraram à dor.

Mãos calejadas em duro trabalho, conheceram sarcasmos soezes e vigílias atrozes.

Encontraram no Excelso Amigo não apenas o Benfeitor que lhes garantia a segurança, mas também o Mestre ativo que lhes oferecia a lição em troca do conhecimento e a luta como preço da paz.

É que salvar não será situar alguém na redoma da preguiça, à distância do suor na marcha evolutiva, tanto quanto triunfar não significa deserção do combate.

Consoante o ensinamento do próprio Cristo, que não isentou a si mesmo do selo infamante da cruz, salvar é, sobretudo, regenerar, instruir, educar e aperfeiçoar para a Vida Eterna.

30
Para vencer o mal

Não te deixes vencer pelo mal, mas vence o mal com o bem.
Paulo (*Romanos*, 12:21.)

    Muita gente, quando não se mostre positivamente inclinada à vingança, perante o mal que recebe, demonstra atitudes de hostilidade indireta, como sejam o favor adiado, o fel da reprovação de permeio com o mel do elogio, o deliberado esquecimento quando se trate da honra ao mérito ou a diminuição do entusiasmo na prestação de serviço, em favor da pessoa menos simpática...

    Entretanto, para vencer o mal não basta essa "meia-bondade", peculiar a quantos se devotam à desculpa cortês sem adesão do campo íntimo...

    Todas as nossas manifestações que acusem essa ou aquela percentagem de mal, são sempre plantação do mal, gerando insucesso e desgosto contra nós mesmos.

    O Evangelho é claro na fórmula apresentada para a extinção do flagelo.

Para que estejamos libertos da baba sinistra do antigo dragão que trava o progresso da Humanidade, é indispensável guardemos paciência contra as suas investidas, procurando esquecê-lo, perdoá-lo e fazer-lhe o bem tanto quanto nos seja possível, porque o bem puro é a única força suscetível de desarmar-lhe as garras inconscientes.

Não nos esqueçamos de que para anular a sombra noturna não basta arremeter os punhos cerrados contra o domínio da noite.

É preciso acender uma luz.

31
Combatendo a sombra

*E não vos conformeis com este mundo,
mas transformai-vos [...].*
Paulo (*Romanos*, 12:2.)

O aviso evangélico é demasiado eloquente, todavia é imperioso observar-lhe a expressão profunda.

O apóstolo divinamente inspirado adverte-nos de que, em verdade, não nos será possível a tácita conformação com os enganos do mundo, tanta vez abraçados espontaneamente pela maioria dos homens, no entanto, não nos induz a qualquer atitude de violência.

Não nos pede rebelião e gritaria.

Não nos aconselha azedume e discussão.

A palavra da Boa-Nova solicita-nos simplesmente a nossa transformação.

Não nos cabe, a pretexto de seguir o Mestre, sair de azorrague em punho, golpeando aqui e ali, na pretensão de estender-lhe a influência.

É imprescindível adotar a conduta d'Ele próprio que, em nos conhecendo as viciações e fraquezas, suportou-nos a rijeza de coração, orientando-nos para o bem, cada dia, com o esforço paciente da caridade que tudo compreende para ajudar.

Não movimentes, desse modo, o impulso da força, constrangendo os semelhantes a determinadas regras de conduta, diante da ilusão em que se comprazem.

Renovemo-nos para o melhor.

Eleva o padrão vibratório das emoções e dos pensamentos.

Cresce para a Vida Superior e revela-te em silêncio, na altura de teus propósitos, convertendo-te em auxiliar precioso da divina iluminação do espírito, na convicção de que a sementeira do exemplo é a mais duradoura plantação no solo da alma.

Não te resignes aos hábitos da treva. Mas clareia-te, por dentro, purificando-te sempre mais, a fim de que a tua presença irradie, em favor do próximo, a mensagem persuasiva do amor, para que se estabeleça entre os homens o domínio da eterna luz.

32
O amor tudo sofre

Tudo sofre [...].
PAULO (*I Coríntios*, 13:7.)

O noticiário terrestre reporta-se diariamente a desvarios cometidos em nome do amor.

Homicídios são perpetrados publicamente.

Suicídios sulcam de pranto e desolação a rota de lares esperançosos.

Furto, contenda, injúria e perversidade aparecem todos os dias invocando a inspiração do sentimento sublime.

Mulheres indefesas, homens dignos, jovens promissores e infelizes crianças, em toda a parte, sofrem abandono e aflição sob a legenda celeste.

Entretanto, só o egoísmo, traduzindo apego da alma ao bem próprio, é que patrocina os golpes da delinquência, os enganos da posse, os erros da impulsividade e os desacertos da pressa... Apenas o egoísmo gera ciúme e despeito, vingança e discórdia, acusação e cegueira.

O amor, longe disso, sabe rejubilar-se com a alegria dos corações amados, esposando-lhes as lições e as dificuldades, as dores e os compromissos.

Não se atropela, nem se desmanda.

Abraça no sacrifício próprio, em favor da felicidade da criatura a quem ama, a razão da própria felicidade.

Por esse motivo, no amor verdadeiro não há sinal de qualquer precipitação conclamando à imoderação ou à loucura.

O Apóstolo Paulo afirmou divinamente inspirado: – "O amor tudo sofre [...]."

E, de nossa parte, acrescentaremos: – O amor genuíno jamais se desregra ou se cansa, porque realmente sabe esperar.

33
Acalma-te

[...] A Deus tudo é possível. [...]
JESUS (*Mateus*, 19:26.)

Seja qual for a perturbação reinante, acalma-te e espera, fazendo o melhor que possas.

Lembra-te de que o Senhor Supremo pede serenidade para exprimir-se com segurança.

A terra que te sustenta o lar é uma faixa de forças tranquilas.

O fruto que te nutre representa um ano inteiro de trabalho silencioso da árvore generosa.

Cada dia que se levanta é convite de Deus para que lhe atendamos à Obra Divina, em nosso próprio favor.

Se te exasperas, não lhe assimilas o plano.

Se te afeiçoas à gritaria, não lhe percebes a voz.

Conserva-te, pois, confiante, embora a preço de sacrifício.

Decerto, encontrarás ainda hoje corações envenenados que destilam irritação e desgosto, medo e fel.

Ainda mesmo que te firam e apedrejem, aquieta-te e abençoa-os com a tua paz.

Os desesperados tornarão à harmonia, os doentes voltarão à saúde, os loucos serão curados, os ingratos despertarão...

É da Lei do Senhor que a luz domine a treva, sem ruído e sem violência.

Recorda que toda dor, como toda nuvem, forma-se, ensombra e passa...

Se outros gritam e oprimem, espancam e amaldiçoam, acalma-te e espera...

Não olvides a palavra do Mestre quando nos afirmou que a Deus tudo é possível, e, garantindo o teu próprio descanso, refugia-te em Deus.

34
Prossigamos

Irmãos, quanto a mim não julgo que o haja alcançado; mas, uma coisa faço, e é que, esquecendo-me das coisas que atrás ficam e avançando para as que estão diante de mim [...].
Paulo (*Filipenses*, 3:13.)

Se te imobilizas na estrada, a pretexto de amarguras acumuladas ou de ofensas recebidas, lembra-te de Paulo, o apóstolo intrépido, que, sobrecarregado de problemas, não se resignava a interromper o trabalho que o Mestre lhe conferira.

O amigo providencial da gentilidade não se entretinha a escutar os remorsos que trazia do seu tempo de adversário e perseguidor do Evangelho.

Não lamentava os amigos descrentes da renovação de que fornecia testemunho.

Não se queixava dos parentes que o recebiam, empunhando o azorrague da expulsão.

Não se detinha para lastimar a alteração dos afetos que a incompreensão azedara no vaso do tempo.

Não cultivava a volúpia da solidão porque lhe faltasse a bênção do tálamo doméstico.

Não se fixava nos espinhos que lhe ferreteavam a alma e a carne, não obstante reconhecer-lhes a existência.

Não parava com o objetivo de reclamar contra as pedradas do caminho.

Não se concedia férias de choro inútil, ante as arremetidas do mal.

Não se demorava na rede dos elogios, sob o fascínio da ilusão.

Não se cristalizava nos próprios impedimentos.

Seguia sempre na direção do alvo que lhe cabia atingir.

Assim também nós, endividados ou pecadores, pobres ou doentes, fracos ou inábeis, desiludidos ou torturados, uma coisa façamos... Acima de todos os tropeços e inibições, prossigamos sempre para diante, olvidando o mal e fazendo o bem.

35
Observemos amando

Por que vês o argueiro no olho de teu irmão?
JESUS (*Mateus*, 7:3.)

Habitualmente guardamos o vezo de fixar as inibições alheias, com absoluto esquecimento das nossas.

Exageramos as prováveis fraquezas do próximo, prejulgamos com rispidez e severidade o procedimento de nossos irmãos...

A pergunta do Mestre acorda-nos para a necessidade de nossa educação, de vez que, de modo geral, descobrimos nos outros somente aquilo que somos.

A benefício de nossa edificação recordemos a conduta do Cristo na apreciação de quantos lhe defrontavam a marcha.

Para muitos, Maria de Magdala era a mulher obsidiada e inconveniente; mas para Ele surgiu como sendo um formoso coração feminino, atribulado por indizíveis angústias, que, compreendido e amparado, lhe espalharia no mundo o sol da ressurreição.

No conceito da maioria, Zaqueu era usurário de mãos azinhavradas e infelizes; para Ele, no entanto, era o amigo do trabalho a quem transmitiria alevantadas noções de progresso e riqueza.

Aos olhos de muita gente, Simão Pedro era fraco e inconstante; para Ele, contudo, representava o brilhante entranhado nas sombras do preconceito que fulgiria à luz do Pentecostes para veicular-lhe o Evangelho.

Na opinião do seu tempo, Saulo de Tarso era rijo doutor da lei mosaica, de espírito endurecido e tiranizante; para Ele, porém, era um companheiro mal conduzido que buscaria, em pessoa, às portas de Damasco para ajudar-lhe a Doutrina.

Observemos amando, porque apenas o amor puro arrancará por fim as escamas de treva dos nossos olhos para que os outros nos apareçam na Bênção de Deus que, invariavelmente, trazem consigo.

36
Coração puro

Não se turbe o vosso coração [...].
Jesus (*João*, 14:1.)

Guarda contigo o coração nobre e puro. Não afirmou o Senhor: – "não se vos obscureça o ambiente" ou "não se vos ensombre o roteiro", porque criatura alguma na experiência terrestre poderá marchar constantemente a céu sem nuvens.

Cada berço é início de viagem laboriosa para a alma necessitada de experiência.

Ninguém se forrará aos obstáculos.

O pretérito ominoso para a grande maioria de nós outros, os viandantes da Terra, levantará no território de nosso próprio íntimo os fantasmas que deixamos para trás, vagueantes e insepultos, a se exprimirem naqueles que ferimos e injuriamos nas existências passadas e que hoje se voltam para nós, à feição de credores inflexíveis, solicitando reconsideração e resgate, serviço e pagamento.

Não passarás, assim, no mundo, sem tempestades e nevoeiros, sem o fel de provas ásperas ou sem o assédio de tentações.

Buscando o bem, jornadearás, como é justo, entre pedras e abismos, pantanais e espinheiros.

Todavia, recomendou-nos o Mestre: — "não se turbe o vosso coração", porque o coração puro e intimorato é garantia da consciência limpa e reta e quem dispõe da consciência limpa e reta vence toda perturbação e toda treva, por trazer em si mesmo a luz irradiante para o caminho.

37
Reparemos nossas mãos

*E Jesus, estendendo a mão, tocou-o,
dizendo: quero; sê limpo.*
(*Mateus*, 8:3.)

Meditemos na grandeza e na sublimidade das mãos que se estendem para o bem...

Mãos que aram a terra, preparando a colheita...

Mãos que constroem lares e escolas, cidades e nações...

Mãos que escrevem, amando em louvor do conhecimento...

Mãos que curam na medicina, que plasmam a riqueza da ciência e da indústria, que asseguram o reconforto e o progresso...

Todas elas se abrem, generosas, na direção do infinito, gerando aperfeiçoamento e tranquilidade, reconhecimento e alegria, conjugando-se, abnegadas, para a extensão das bênçãos de Sabedoria e de Amor na Obra de Deus.

Mas pensemos também nas mãos que se estendem para as sombras do mal...

Mãos que recolhem o ouro devido ao trabalho em favor de todos, transformando-se em garras de usura...

Mãos que acionam apetrechos de morte, convertendo-se em conchas de sangue e lágrimas...

Mãos que se agitam na mímica estudada de quantos abusam da multidão para conduzi-la à indisciplina em proveito próprio...

Mãos que ferem, que coagulam o fel da calúnia em forma de letras, que amaldiçoam, que envenenam e que cultuam a inércia...

Todas elas se cerram sobre si mesmas em círculos de aflição e remorso pelos quais se aprisionam às trevas do sofrimento.

Reparemos, assim, a que forças da vida estendemos as nossas mãos.

Jesus, o Mestre Divino, passou no mundo estendendo-as no auxílio a todos, ensinando e ajudando, curando e afagando, aliviando corpos enfermos e levantando almas caídas, e, para mostrar-nos o supremo valor das mãos consagradas ao bem constante, preferiu morrer na cruz, de mãos estendidas, como que descerrando o coração pleno de amor à Humanidade inteira.

38
Salvar-se

Palavra fiel é esta e digna de toda a aceitação: que Cristo Jesus veio ao mundo para salvar os pecadores [...].
PAULO (*I Timóteo*, 1:15.)

    É digna de nota a afirmativa do Apóstolo, asseverando que Jesus veio ao mundo salvar os pecadores, para reconhecermos que salvar não significa arrebatar os filhos de Deus à lama da Terra para que fulgurem, de imediato, entre os anjos do Céu.

    Assinalemos que, logo após a passagem do Senhor entre as criaturas, a fisionomia íntima dos homens, de modo geral, era a mesma do tempo que lhe antecedera a vinda gloriosa.

    Mantinham-se os romanos no galope de conquista ao poder, os judeus permaneciam algemados a racismo infeliz, os egípcios desciam à decadência, os gregos demoravam-se sorridentes e impassíveis, em sua filosofia recamada de dúvidas e prazeres.

    Os senhores continuavam senhores, os escravos prosseguiam escravos...

Todavia, o espírito humano sofrera profundas alterações.

As criaturas, ao toque do exemplo e da palavra do Cristo, acordavam para a verdadeira fraternidade, e a redenção, por chama divina, começou a clarear os obscuros caminhos da Terra, renovando o semblante moral dos povos...

Salvar-se, pois, não será subir ao Céu com as alparcas do favoritismo religioso, mas sim converter-se ao trabalho incessante do bem, para que o mal se extinga no mundo.

Salvou-nos o Cristo ensinando-nos como erguer-nos da treva para a luz.

Salvar é, portanto, levantar, iluminar, ajudar e enobrecer, e salvar-se é educar-se alguém para educar os outros.

39
No auxílio a todos

*Pelos reis e por todos os que estão em eminência,
para que tenhamos uma vida justa e sossegada
em toda a piedade e honestidade.*
Paulo (*I Timóteo*, 2:2.)

Comumente, em nossos recintos de conversação e prece, voltamo-nos compassivamente para os nossos companheiros menos felizes no mundo.

Apiedamo-nos sem dificuldade dos enfermos e dos desesperados, dos que se afundaram nas águas lodosas da miséria ou que foram vitimados por flagelos públicos.

Oramos por eles, relacionando-lhes as necessidades que tentamos socorrer na medida de nossos recursos.

Entretanto, o Apóstolo Paulo, em suas recomendações a Timóteo, lembra-nos o amparo espiritual que devemos a quantos suportam na fronte a coroa esfogueante da autoridade, comandando, dirigindo, orientando, esclarecendo e instruindo...

São eles, os nossos irmãos conduzidos à eminência do poder e da fortuna, da administração ou da liderança, que carregam tentações e provas ocultas de toda espécie, padecendo vicissitudes que, muita vez, se retratam de lamentável maneira nas coletividades que influenciam.

A feição de pastores dementados, quando se não compenetram dos deveres que lhes são próprios, sofrem perturbações aflitivas que se projetam sobre as ovelhas que lhes recolhem a atuação, criando calamidades morais e moléstias coletivas de longo curso, que atrasam a evolução e atormentam a vida.

Não nos esqueçamos, pois, da oração pelos que dirigem, auxiliando-os com a bênção da simpatia e da compaixão, não só para que se desincumbam zelosamente dos compromissos que lhes selam a rota, mas também para que vivamos, com o sadio exemplo deles, na verdadeira caridade uns para com os outros, sob a inspiração da honestidade, que é base de segurança em nosso caminho.

40
Enquanto podes

Tu, porém, por que julgas teu irmão? e tu, por que desprezas o teu? pois todos compareceremos perante o Tribunal de Cristo.
Paulo (*Romanos*, 14:10.)

Constrangido a examinar a conduta do companheiro, nessa ou naquela circunstância difícil, não lhe condenes os embaraços morais.

Lembra-te dos dias de cinza e pranto em que o Senhor te susteve a queda a poucos milímetros da derrota.

Não te acredites a cavaleiro dos novos problemas que surgirão no caminho...

Todo serviço incompleto, que deixaste na retaguarda, buscar-te-á, de novo, o convívio para que lhe ofereças acabamento. E o remate legal de todas as nossas lutas pede o fecho do amor puro como selo da Paz Divina.

As pedras que arremessaste ao telhado alheio voltarão com o tempo sobre o teto em que te asilas, e os venenos que destilaste sobre a esperança dos outros tornarão, no hausto da vida, ao clima de tua própria esperança, testando-te a resistência.

Aprende, pois, desde hoje, a ensaiar tolerância e entendimento, para que o remédio por ti mesmo encomendado às mãos do "agora" não te amargue a existência, destruindo-te o coração.

Toda semente produz no solo do tempo e as almas imaculadas não povoam ainda a Terra. Distribui, portanto a paciência e a bondade com todos aqueles que se enganaram sob a neblina do erro, para que te não faltem a paciência e a bondade do irmão a que te arrimarás no dia em que a sombra te ameace o campo das horas.

Auxilia, enquanto podes.

Ampara, quanto possas.

Socorre, quanto possível.

Alivia, quanto puderes.

Procura o bem, seja onde for.

E, sobretudo, desculpa sempre, porque ninguém fugirá do exato julgamento na Eterna Lei.

41
Se andarmos na luz

*Se andarmos na luz como Ele está, temos
comunhão uns com os outros [...].*
João (*I João*, 1:7.)

Tanta vez, dissensões e incompreensões nos separam... Resoluções da vida particular, incompatibilidades, interpretações discordantes, ressentimentos...

E, com isso, consideráveis perdas de tempo e trabalho nos arruínam as tarefas e perturbam a vida.

Retiramo-nos do campo de serviço, prejulgamos erroneamente pessoas e fatos, complicamos os problemas que nos dizem respeito e desertamos da obra a realizar...

Contudo, não nos sobrevirão semelhantes desastres, se andarmos na luz, porque, na claridade irradiante do Mestre, compreenderemos que todos partilhamos as mesmas esperanças e as mesmas necessidades.

Se nos movimentarmos ao Sol do Evangelho, saberemos identificar o infortúnio, onde cremos encontrar simplesmente rebeldia e desespero, e a chaga da ignorância, onde supomos existir apenas maldade e crime... Perceberemos que o erro de muitos se deve à circunstância de não haverem colhido as oportunidades que nos felicitam a existência, e reconheceremos que, situados nas provas que motivaram a dor de nossos irmãos caídos em delinquência, talvez não tivéssemos escapado à dominação da sombra.

É que a luz do Senhor nos fará sentir o entendimento real...

Não bastará, no entanto, que ela fulgure tão somente em nossa razão e pontos de vista. É necessário andarmos nela, assimilando-lhe os sagrados princípios, para que assinalemos em nós a presença da verdadeira caridade, a alavanca divina que, por agora, é a única força capaz de sustentar-nos em abençoada comunhão uns com os outros.

42
No serviço mediúnico

Há diversidade de dons, mas o Espírito é o mesmo.
PAULO (*I Coríntios*, 12:4.)

Examinando os dons espirituais ou, mais propriamente, as faculdades mediúnicas, entre os aprendizes do Evangelho, o Apóstolo Paulo afirma categórico no capítulo doze de sua primeira epístola aos coríntios:
— "Há diversidade de dons, mas o Espírito é o mesmo, há diversidade de ministérios, mas o Senhor é o mesmo e há diversidade de operações, mas é o mesmo Deus que opera tudo em todos. A manifestação do Espírito, porém, é concedida a cada um para o que for útil, pois que a um, pelo Espírito, é dada a palavra da sabedoria, e a outro, pelo mesmo Espírito, a palavra da Ciência; a outro, pelo mesmo Espírito, a fé, e a outro, pelo mesmo Espírito, os dons de curar; a outro, a operação de fenômenos e a outro a profecia; a outro, o dom de discernir os espíritos e a outro a variedade de línguas, e, ainda a outro, a interpretação das línguas. Mas um só e o mesmo

Espírito opera todas essas coisas, repartindo particularmente a cada um como lhe apraz."

Parece incrível que explicações tão claras ao redor da mediunidade tenham vindo à luz há dezenove séculos, traçando diretrizes e especificando deveres, pela mão firme daquele que se constitui em amigo fiel da gentilidade.

Qual disse outrora Paulo, relembremos hoje que a mediunidade é cedida a cada um para o que for útil.

É por isso que, nos quadros da ação espírita, temos instrumentos mediúnicos para o esclarecimento, para a informação, para o reconforto, para a convicção, para o fenômeno, para o socorro aos enfermos, para as manifestações idiomáticas, para a interpretação e para o discernimento, tanto quanto para numerosas outras peculiaridades de serviço; entretanto, nós todos, tarefeiros encarnados e desencarnados que procuramos a nossa regeneração no Evangelho, devemos saber que o Bem de Todos é a luz do Espírito glorioso de Jesus Cristo que precisamos refletir, nesse ou naquele setor do trabalho.

Abstenhamo-nos, assim do contato com as forças que operam a perturbação e a desordem, visíveis ou invisíveis, na certeza de que daremos conta dos dotes mediúnicos com que fomos temporariamente felicitados, porque o Espírito do Senhor, por seus Mensageiros, nos aquinhoa com esse ou aquele empréstimo de energias medianímicas, a título precário, para a nossa própria edificação e segundo as nossas necessidades.

43
Na mediunidade

*Temos, porém, este tesouro em vasos de barro, para que
a excelência do poder seja de Deus e não de nós.*
Paulo (*II Coríntios*, 4:7.)

Utilizando as faculdades mediúnicas de que foste dotado, não olvides que funcionas à guisa de refletor, cujo material de estrutura nada tem de comum com a luz que retrata.

O espelho, seja de metal ou de vidro, detém os raios solares, sem comungar-lhes a natureza, e o fio simples transmite o remoinho eletrônico, sem partilhar-lhe o poder.

Entretanto, se o espelho jaz limpo consegue reter a bênção da claridade e se o fio obedece à inteligência que o norteia converte-se em portador de energia.

Assim também a mediunidade, pela qual, sem maior obstáculo, te eriges em mensageiro de instrução e refazimento, esperança e consolo. Através dela, recolhes o influxo da Esfera Superior sem compartilhar-lhe a grandeza, mas se guardas contigo humildade e correção, converter-te-ás no instrumento ao socorro moral de muitos.

Todavia, assim como, às vezes, o espelho se turva e o fio se rompe, exigindo reajustamentos, também a força mediúnica em tua alma é suscetível de rupturas diversas, reclamando trabalho restaurativo.

Não te afaças, assim, ao desânimo ou à negação se essa ou aquela dificuldade aparece na obra do intercâmbio.

O erro, no clima da sinceridade, é sempre lição.

Afervora-te no trabalho do bem e recolhe-te à humildade do aprendiz atencioso e vigilante, gastando severidade contigo e benevolência para com os outros, porque qualquer dom da Luz Divina na obscuridade do ser humano, qual se expressa na conceituação apostólica, é um "tesouro em vaso de barro, para que a excelência do poder seja de Deus e não de nós."

44
Ação

*Portanto, meus amados irmãos, sede firmes, inabaláveis,
e sempre abundantes na obra do Senhor, sabendo
que, no Senhor, o vosso trabalho não é vão.*
PAULO (*I Coríntios*, 15:58.)

Nas lutas do dia a dia, todos somos impelidos a várias operações para avançar no caminho...
Sentimos.
Desejamos.
Pensamos.
Falamos.
Estudamos.
Aprendemos.
Conhecemos.
Ensinamos.
Analisamos.
Trabalhamos.
Entretanto, é preciso sentir a necessidade do bem de todos para que saibamos desejar com acerto; desejar

com acerto para pensar honestamente; pensar honestamente para falar aproveitando; falar aproveitando para estudar com clareza; estudar com clareza para aprender com entendimento; aprender com entendimento para conhecer discernindo; conhecer discernindo para ensinar com bondade; ensinar com bondade para analisar com justiça e analisar com justiça para trabalhar em louvor do bem, porque, em verdade, todos somos diariamente constrangidos à ação e pelo que fazemos é que cada um de nós decide quanto ao próprio destino, criando para si mesmo a inquietante descida à treva ou a sublime ascensão à luz.

45
No sustento da paz

Vivei em paz uns com os outros.
Paulo (*I Tessalonicenses*, 5:13.)

Costumamos referir-nos à guerra, qual se ela fosse um fenômeno de teratologia política, exclusivamente atribuível aos desmandos de ditadores cruéis, quando todos somos intimados pela vida ao sustento da paz.

Todos agimos uns sobre os outros e, ainda que a nossa influência pessoal se nos figure insignificante, ela não é menos viva na preservação da harmonia geral.

A floresta é um espetáculo imponente da Natureza, mas não se agigantou sem o concurso de sementes pequeninas.

Nossa deficiência de análise, quanto à contribuição individual no equilíbrio comum, nasce, via de regra, da aflição doentia com que aguardamos ansiosamente os resultados de nossas ações, sequiosos de destaque pessoal no imediatismo da Terra; isso faz com que procedamos, à maneira de alguém que se decidisse a levantar uma casa com total menosprezo pelas pedras, tijolos, parafusos e vigas, aparentemente sem importância, quando isoladamente considerados, mas indispensáveis à construção.

Habituamo-nos, frequentemente, a maldizer o irmão que se fez delinquente, com absoluta descaridade para com a debilitação de caráter a que chegou, depois de longo processo obsessivo que lhe corroeu a resistência moral, quase sempre após fugirmos da providência fraterna ou da simples conversação esclarecedora, capazes de induzi-lo à vitória sobre as tentações que o levaram à falta consumada.

Lideramos reclamações contra o estridor de buzinas na via pública e não nos pejamos das maneiras violentas com que abalamos os nervos de quem nos ouve.

Todos somos chamados à edificação da paz que, aliás, prescinde de qualquer impulso vinculado às atividades de guerra e que, paradoxalmente, depende de nossa luta por melhorar-nos e educar-nos, de vez que paz não é inércia e sim esforço, devotamento, trabalho e vigilância incessantes a serviço do bem. Nenhum de nós está dispensado de auxiliar-lhe a defesa e a sustentação, porquanto, muitas vezes, a tranquilidade coletiva jaz suspensa de um minuto de tolerância, de um gesto, de uma frase, de um olhar…

Não te digas, pois, inabilitado a contribuir na paz do mundo. Se não admites o poder e o valor dos recursos chamados menores no engrandecimento da vida, faze um palácio diante de vigorosa central elétrica e procura dotá-lo de luz e força sem a tomada.

46
Na tarefa da paz

[...] A minha paz vos dou [...].
Jesus (*João*, 14:27.)

Todos ambicionam a paz. Raros ajudam-na.
Que fazes por sustentá-la?
Recorda que a segurança dos aparelhos mais delicados depende, quase sempre, de parafusos pequeninos ou de junturas inexcedivelmente singelas.
Não haverá tranquilidade no mundo, sem que as nações pratiquem a tolerância e a fraternidade.
E se a nação é conjunto de cidades, a cidade é um agrupamento de lares, tanto quanto o lar é um ninho de corações.
A harmonia da vida começará, desse modo, no íntimo de nossas próprias almas ou toda harmonia aparente na paisagem humana será sempre simples jogo de inércia.
Comecemos, pois, a sublime edificação no âmago de nós mesmos.

Não transmitas o alarme da crítica, nem estendas o fogo da crueldade.

Inicia o teu apostolado de paz, calando a inquietação no campo do próprio ser.

Onde surjam razões de queixa, sê a cooperação que restaura o equilíbrio; onde medrem espinhos de sofrimento, sê a consolação que refaz a esperança.

Detém-te na Tolerância Divina e renova para todas as criaturas de teu círculo as oportunidades do bem.

Reafirma o compromisso de servir, silenciando sempre onde não possas agir em socorro do próximo.

Ao preço da própria renunciação, disse-nos o Senhor:

– "A minha paz vos dou".

E para que a paz se faça, na senda em que marchamos, é preciso que à custa de nosso próprio esforço se faça a paz em nós, a fim de que possamos irradiá-la, em tudo, no amparo vivo aos outros.

47
Estejamos em paz

Paz seja convosco.
Jesus (*João*, 20:19.)

Rujam tempestades em torno de teu caminho, tranquiliza o coração e segue em paz na direção do bem.

Não carregues no pensamento o peso morto da aflição inútil.

Refugia-te na cidadela interior do dever retamente cumprido e entrega à Sabedoria Divina a ansiedade que te procura, à feição de labareda invisível.

Se alguém te acusa, aquieta-te e ora em favor dos irmãos desorientados e infelizes.

Se alguma circunstância te contraria, asserena tua alma e espera que os acontecimentos te favoreçam.

Lembra-te de que és chamado a viver um só dia de cada vez, sempre que o Sol se levante.

E por mais amplas se te façam as possibilidades, tomarás uma só refeição e vestirás um só traje de cada vez nas tarefas de cada dia.

Embora te atormentes pela claridade diurna, a alvorada não brilhará antes da hora prevista, e embora te interesses pelo fruto de determinada árvore, não chegarás a colhê-lo, antes do justo momento.

A pretexto, porém, de garantir a própria serenidade, não te demores na inércia.

Mentaliza o bem e prossegue na construção do melhor, como quem sabe que a colheita farta pede terra abençoada pela charrua.

Sejam quais forem as tuas dificuldades, lembra-te de que a paz é a segurança da vida.

Não nos esqueçamos de que, na hora da Manjedoura, as vozes celestiais, após o louvor aos Céus, expressaram votos de paz à Terra e, depois da ressurreição, voltando, gloriosamente, ao convívio das criaturas, antes de qualquer plano de trabalho disse Jesus aos discípulos espantados:

– "A paz seja convosco."

48
Dinheiro e atitude

Porque a paixão do dinheiro é a raiz de toda a espécie de males e, nessa cobiça, alguns se desviaram da fé e se traspassaram a si mesmos com muitas dores.
Paulo (*I Timóteo*, 6:10.)

Não encarceres o dinheiro para que o dinheiro não te encarcere.

Bênção da vida que o Senhor permite circule na organização da comunidade, qual sangue no corpo, converte-se em perigoso tirano de quem o escraviza.

Deforma, por isso mesmo, os corações que o segregam no vício, como se faz verdugo implacável do avarento que o trancafia nos cofres da usura.

Algemado à inteligência perversa, transforma-se em arma destruidora, e extorquido às lágrimas de viúvas e órfãos, vinga-se daqueles que o recolhem, instilando-lhes enfermidade e cegueira de espírito.

Libertado, porém, no campo do progresso e da bondade, converte-se em oculto libertador daqueles que o libertam.

É por essa razão que se faz alegria na colher de leite à criança desamparada ou no leito simples que agasalha o doente sem teto, voltando em forma de paz àqueles que o distribuem.

Orientado na direção dos que sofrem é prece de gratidão em louvor dos braços que o movimentam e conduzido aos círculos de aflição é cântico inarticulado de amor para as almas que o semeiam na gleba castigada do sofrimento.

Não é a moeda que envilece o homem e sim o homem que a envilece, no desvario das paixões que o degradam.

Deixa, pois, que o dinheiro de passagem por tuas mãos se faça bênção de trabalho e educação, caridade e socorro, à feição do ar que respiras sem furtá-lo aos pulmões dos outros, e perceberás que o dinheiro, na origem, é propriedade simples de Deus.

49
Caridade e riqueza

*Pois somos a feitura d'Ele, criados em
Jesus Cristo para boas obras.*
PAULO (*Efésios*, 2:10.)

Se acreditas que apenas o ouro é base corrente da caridade, lembra-te de Jesus, que enriqueceu a Terra sem possuir uma pedra onde repousar a cabeça.

Descerrando o próprio coração, ei-lo a espalhar os bens imarcescíveis do espírito.

Fez luzir a estrela da humildade à frente dos poderosos.

Acentuou a alegria nas bodas singelas de Caná.

Ensinou aos discípulos a verdade sem afetação.

Deu assistência aos enfermos.

Forneceu coragem aos desalentados.

Ministrou consolação aos aflitos.

Imprimiu visão nova aos olhos de Madalena.

Acendeu súbita claridade no ânimo de Zaqueu.

Envolveu em compassivo entendimento a incompreensão de Judas.

Cercou de bondade o esmorecimento de Simão Pedro.

Endereçou bênçãos de compaixão à turba desenfreada aos pés da cruz.

Brindou o mundo com o esquecimento do mal, retomando-lhe o convívio, depois do túmulo. Recorda, pois, que também podes distribuir das riquezas que fluem de ti próprio, cuja aquisição é inacessível à moeda comum.

Oferece aprovação e estímulo ao bem, apoio e conforto à dor...

Estende ternura e simpatia, concurso e fraternidade...

Espalha compreensão e esperança entre aqueles com quem convives e recebe com gentileza e bondade aqueles que te procuram...

Não aguardes sobras na bolsa para atender aos planos da caridade.

Lembra-te de que o amor é inesgotável na fonte do coração e de que Jesus, ainda hoje, com Deus e com o amor, vem multiplicando, dia a dia, os eternos tesouros da Humanidade.

50
Confiemos alegremente

Regozijai-vos sempre.
Paulo (*I Tessalonicenses*, 5:16.)

Lembra-te das mercês que o Senhor te concede pelos braços do tempo e espalha gratidão e alegria onde estiveres...

Repara as forças da Natureza, a emergirem, serenas, de todos os cataclismos.

Corre a fonte cantando pelo crivo do charco...

Sussurra a brisa melodias de confiança após a ventania destruidora...

A árvore multiplica flores e frutos, além da poda...

Multidões de estrelas rutilam sobre as trevas da noite...

E cada manhã, ainda mesmo que os homens se tenham valido da sombra para enxovalhar a terra com o sangue do crime, volve o Sol, em luminoso silêncio, acalentando homens e vermes, montes e furnas.

Ainda mesmo que o mal te golpeie transitoriamente o coração, recorda os bens que te compõem a riqueza da saúde e da esperança, do trabalho e do amor, e rejubila-te, buscando a frente...

Tédio é deserção.

Pessimismo é veneno.

Encara os obstáculos de ânimo firme e estampa o otimismo em tua alma para que não fujas aos teus próprios compromissos perante a vida.

Serenidade em nós é segurança nos outros.

O sorriso de paz é arco-íris no céu de teu semblante.

"Regozijai-vos sempre" – diz-nos o Apóstolo Paulo.

E acrescentamos:

– Rejubilemo-nos em tudo com a Vontade de Deus, porque a Vontade de Deus significa Bondade Eterna.

51
No solo do espírito

E outra caiu em boa terra e deu fruto; um a cem, outro a sessenta e outro a trinta.
JESUS (*Mateus*, 13:8.)

Referindo-nos à parábola do semeador, narrada pelo Divino Mestre, lembremo-nos de que o campo da vida é assim como a terra comum.

Nele encontramos criaturas que expressam glebas espirituais de todos os tipos.

Homens-calhaus...
Homens-espinheiros...
Homens-milhafres...
Homens-parasitas...
Homens-charcos...
Homens-furnas...
Homens-superfícies...
Homens-obstáculos...
Homens-venenos...
Homens-palhas...

Homens-sorvedouros...

Homens-erosões...

Homens-abismos...

Mas surpreendemos também, com alegria, os homens-searas, aqueles que reunindo consigo o solo produtivo do caráter reto, a água pura dos sentimentos nobres, o adubo da abnegação, a charrua do esforço próprio e o suor do trabalho constante, sabem albergar as sementes divinas do conhecimento superior, produzindo as colheitas do bem para os semelhantes.

Reparemos a vasta paisagem que nos rodeia, através da meditação, e, com facilidade, por nossa atitude perante os outros, reconheceremos de pronto que espécie de terreno estamos sendo nós.

52
Palavra falada

Porque não há coisa oculta que não haja de manifestar-se, nem escondida que não haja de saber-se e vir à luz. Vede, pois, como ouvis.
Jesus (*Lucas*, 8:17 e 18.)

A palavra é vigoroso fio da sugestão.

É por ela que recolhemos o ensinamento dos grandes orientadores da Humanidade, na tradição oral, mas igualmente com ela recebemos toda espécie de informações no plano evolutivo em que se nos apresenta a luta diária.

Por isso mesmo, se é importante saber como falas, é mais importante saber como ouves, porquanto, segundo ouvimos, nossa frase semeará bálsamo ou veneno, paz ou discórdia, treva ou luz.

No templo doméstico ou fora dele, escutarás os mais variados apontamentos.

Apreciações acerca da Natureza...

Críticas em torno da autoridade constituída...

Notas alusivas à conduta dos outros…

Opiniões diferentes nesse ou naquele assunto…

Cada registro falado traz consigo o impacto da ação. Contudo, a reação mora em ti mesmo, solucionando os problemas ou agravando-lhes a estrutura.

Por tua resposta, converter-se-á o bem na lição ou na alegria dos que te comungam a experiência ou transformar-se-á o mal no açoite ou no sofrimento daqueles que te acompanham.

Saibamos, assim, lubrificar as engrenagens da audição com o óleo do amor puro, a fim de que a nossa língua traduza o idioma da compreensão e da paciência, do otimismo e da caridade, porque nem sempre o nosso julgamento é o julgamento da Lei Divina e, conforme asseverou o Cristo de Deus, não há propósito oculto ou atividade transitoriamente escondida que não hajam de vir à luz.

53
Palavra escrita

Examinai tudo. Retende o bem.
Paulo (*I Tessalonicenses*, 5:21.)

Disse o Apóstolo Paulo: – "examinai tudo", mas não se esqueceu de acrescentar: – "retende o bem".

Muita gente se prevalece do texto para afirmar que os aprendizes do Evangelho devem ler indiscriminadamente, ainda mesmo quando se trate de ingerir os corrosivos da opinião em letras de jornal ou as fezes do pensamento em forma de livro.

Sim, é natural que a mente amadurecida e equilibrada possa ler tudo e tudo observar, mas não é aconselhável que as crianças e os doentes, os fracos e alienados potenciais da razão tudo experimentem e tudo vejam.

Sabiamente, a Lei Divina dispõe sobre o assunto, sugerindo o levantamento de zonas indispensáveis à justa segregação.

Meninos encontram lares e escolas a fim de que se habilitem para as lutas da vida. Doentes são encaminhados ao hospital para que se refaçam. Loucos se candidatam aos serviços do manicômio em busca de reequilíbrio. Criaturas fracas que o crime assinalou com estigmas dolorosos recolhem-se à penitenciária em cuja aspereza se reajustam. Assim, pois, se te reconheces em plenitude de robustez espiritual, analisa tudo, sabendo que é preciso reter o bem capaz de ajudar na edificação ou na cura dos outros.

Se possuis o necessário discernimento e se dispões do tempo preciso, lê tudo, usando o crivo da compreensão e da utilidade, mas não olvides escolher o que seja bom e apenas prestigiar o que seja bom, em favor daqueles que ainda não pensam com segurança quanto já podes pensar.

54
Aprimoremos

Não extingais o espírito.
PAULO (*I Tessalonicenses*, 5:19.)

Saibamos estender os valores do espírito.

Observa a estrada nobre que te oferece passagem com segurança e lembra-te de que ainda ontem era trato de terra inculta.

Serpentes insidiosas aí acalentavam a peçonha que se lhes acumulava no seio, enquanto vermes famintos se amontoavam no mato agreste.

Mas chegaram braços amigos e abnegados, atentos à disciplina...

Maquinaria enorme trabalhou a cabeleira verde da gleba, harmonizando-lhe as linhas; picaretas extraíram-lhe os pedrouços semelhantes a flegmões cristalizados; o cimento pavimentou a trilha aberta, e a organização lhe imprimiu determinada ordem aos movimentos.

Quantos semblantes suarentos para que a obra surgisse, quantos dedos quebrados, quantos lidadores rendidos aos acidentes inevitáveis e quantas inquietações por eles vencidas, não podes realmente saber, mas podes reconhecer que foi o trabalho inteligente – luz divina do espírito humano – a força, que te facultou a vitória sobre a distância.

Cada vez que a viagem te suprime ansiedades e poupa aflições, ainda mesmo que, por agora, não saibas agradecer, a estrada te partilha a tranquilidade e o contentamento, envolvendo os operários anônimos que a construíram em sublime coro de bênção.

Analisa semelhante lição, encontradiça em cada canto de rua, e não olvides que a ignorância é também aflitiva selva no mundo. Abracemos o serviço da educação e da bondade, com alicerces na disciplina do Cristo, que é, para nós outros, o Engenheiro Celeste, e tracemos novos caminhos de evolução e de entendimento, em que as almas se aproximem na exaltação da alegria e na ascensão do progresso.

Não importa sejamos hoje artífices sem nome. Vale o serviço feito.

Humilde réstia de luz que acendermos envolver-nos-á em seu clarão e a pequenina semente de fraternidade que venhamos a lançar no solo da vida abençoar-nos-á com os seus frutos.

55
Suportemos

Tenha a paciência a sua obra perfeita.
(*Tiago*, 1:4.)

Detém-te um minuto no torvelinho das preocupações costumeiras e repara que deves o próprio equilíbrio à Paciência Divina, a sustentar-nos em cada instante da vida, através de mil modos.

Muita gente, talvez, em te fitando na ternura do recém-nato, duvidasse da tua capacidade de sobreviver para a existência terrestre, mas Deus teve paciência contigo e conferiu-te o devotamento materno que te ajudou a ativar as energias do próprio corpo.

Entendidos de psicologia, em te anotando a intempestividade infantil, provavelmente desconfiaram da tua possibilidade de alfabetização, mas Deus teve paciência contigo e concedeu-te a heroica ternura de professores abnegados que te abriram novos horizontes no campo da educação.

E a paciência do Senhor, cada dia, permite, generosa, que tales plantas inermes, que te assenhoreies do suor e do sangue dos animais, que te apropries das forças da Natureza e que te valhas, indiscriminadamente, do concurso dos semelhantes para que te alimentes e mediques, restaures e instruas.

Lembra-te dessa Paciência Perfeita que te beneficia, e cultiva paciência para com os outros.

O companheiro cuja aspereza te ofende e o aprendiz cuja insipiência te irrita são irmãos que te rogam cooperação e entendimento, e quantos te caluniem ou apedrejem são doentes que te pedem simpatia e consolo...

Mas para que colabores e compreendas, harmonizes e reconfortes é necessário que a tolerância construtiva te alente os passos.

À frente dos óbices de todo gênero, guarda a paciência que ajuda, e, diante dos ataques de toda ordem, cultiva a paciência que esquece.

Escuda-te, pois, na paciência para com todos, sem jamais te esqueceres de que a alegria dos homens é a Paciência de Deus.

56
Jesus e dificuldade

[...] Não se vos turbe o coração [...].
Jesus (*João*, 14:27.)

Jesus nunca prometeu aos discípulos qualquer isenção de dificuldades, mas com frequência reclamava-lhes o coração para a confiança.

No cenáculo, descerrando, afetuoso, o coração para os aprendizes, dentre muitas palavras de esperança e de amor, asseverou com firmeza: – "Não se turbe o vosso coração, nem se atemorize". Pacificava o ânimo dos companheiros timoratos, entre quatro paredes, sabendo que, em derredor, se agigantava a trama das sombras.

Lá fora, Judas era atraído aos conchavos da deserção; sacerdotes confabulavam com escribas e fariseus sobre o melhor processo de enganarem o povo, para que o povo pedisse a morte d'Ele; agentes do Sinédrio penetravam pequenos agrupamentos de rua açulando contra Ele as forças da opinião; perseguidores desencarnados excitavam o cérebro dos guardas que o deteriam no cárcere, e, quantos lhe seguiam a atividade, regurgitando ódio gratuito, prelibavam-lhe o suplício...

Jesus, percuciente, não desconhecia a conspiração das trevas...

Entretanto, lúcido e calmo, findo o entendimento com os irmãos de apostolado, dirige-se à oração no jardim, para, além da oração, confiar-se aos testemunhos supremos...

Não procures, assim fugir à luta que te afere o valor.

Aceita os desafios da senda, como quem se reconhece chamado a batalhar pela vitória do bem, com a obrigação permanente de extinguir o mal em nós mesmos.

E não apeles para o Senhor como advogado da fuga calculada ao dever.

Lembra-te de que o Mestre a ninguém prometeu avenidas de sonho e horizontes azuis na Terra, mas, sim, convicto de que a tempestade das contradições humanas não poupariam a Ele próprio, advertiu-nos, sensatamente:

– "Não se vos turbe o coração."

57
Jesus e paz

*Deixo-vos a paz, a minha paz vos dou;
não vo-la dou como o mundo a dá [...].*
Jesus (*João*, 14:27.)

A paz do mundo costuma ser preguiça rançosa.
A paz do espírito é serviço renovador.
A primeira é inutilidade.
A segunda é proveito constante.
Vejamos o exemplo disso em nosso Divino Mestre.
Lares humanos negaram-lhe o berço.
Mas o Senhor revelou-se em paz na estrebaria.
Herodes perseguiu-lhe, desapiedado, a infância tenra.
Jesus, porém, transferindo-se de residência, em favor do apostolado que trazia, sofreu, tranquilo, a imposição das circunstâncias.
Negado pela fortuna de Jerusalém, refugiou-se, feliz, em barcas pobres da Galileia.
Amando e servindo os necessitados e doentes recebia, a cada passo, os golpes da astúcia de letrados e

casuístas de seu tempo; contudo, jamais deixou, por isso, de exercer, imperturbável, o ministério do amor.

Abandonado pelos próprios amigos, entregou-se serenamente à prisão injusta.

Sob o cuspo injurioso da multidão foi açoitado em praça pública e conduzido à crucificação, mas voltou da morte, aureolado de paz sublime, para fortalecer os companheiros acovardados e ajudar os próprios verdugos.

Recorda, assim, o exemplo do Benfeitor Excelso e não procures segurança íntima fora do dever corretamente cumprido, ainda mesmo que isso te custe o sacrifício supremo.

A paz do mundo, quase sempre, é aquela que culmina com o descanso dos cadáveres a se dissociarem na inércia, mas a paz do Cristo é o serviço do bem eterno, em permanente ascensão.

58
Em honra da liberdade

*Tende cuidado para que ninguém vos faça presa
sua, por meio de filosofias e vãs sutilezas, segundo
a tradição dos homens, conforme os rudimentos
do mundo, e não segundo o Cristo.*
PAULO (*Colossenses*, 2:8.)

Se alcançaste um raio de luz do Evangelho, avança na direção do Cristo, o Divino Libertador.

Não julgues seja fácil semelhante viagem do espírito.

Encontrarás, em caminho, variados apelos à indisciplina e à estagnação.

Serás surpreendido a cada passo pelos sofistas da Religião, pelos falsários da Filosofia, pelos paranoicos da Ciência e pelos dilapidadores da História, empavesados nas engenhosas criações mentais em que encarceram a própria vida, buscando atrelar-te o pensamento ao carro da argumentação filauciosa a que se acolchetam, famintos de louvor e de vassalagem.

Mutilando a revelação divina, desfigurando preceitos da verdade, abusando da inteligência ou fantasiando episódios furtados ao registro fiel do tempo, armam ciladas ou levantam castelos teóricos, em que a sugestão menos digna te inclina a existência à rebelião e ao pessimismo, à viciação e à inutilidade.

Atendendo, quase sempre, a interesses escusos, lisonjeiam-te a insipiência, incensando-te o nome, quando não se desmandam na vaidade, aliciando-te a decisão para que lhes engrosses o séquito de loucura.

Acompanhando-os, porém, não te farás senão presa deles, fâmulo desditoso das ideias desequilibradas que emitem, no temerário propósito de se anteporem ao próprio Deus.

Querem escravos para os sistemas falaciosos que mentalizam, quando Jesus deseja te faças livre para a conquista da própria felicidade.

Acautela-te no trato com todos os que tudo te pedem, no campo da independência espiritual, limitando-te a capacidade de sentir e pensar, empreender e construir, porquanto, em nos fazendo tributários da falsa glória em que se encasulam, relegam-nos a existência a planos de subnível, quando o Cristo de Deus, tudo nos dando em amor e sabedoria, nos ampliou a emoção e o conhecimento, a iniciativa e o trabalho, convertendo-nos em filhos emancipados da Criação, para que tenhamos não apenas a vida, mas a Vida Santificada e Abundante.

# 59
Em louvor do equilíbrio

*Toda a amargura, cólera, ira, gritaria e blasfêmia sejam
retiradas dentre vós, bem como toda a malícia.*
PAULO (*Efésios*, 4:31.)

Na própria senda comum, surpreendemos a lição do equilíbrio que exclui todo assalto da violência e qualquer devoção à imundície.

Nas cidades litorâneas, diques reprimem o mar furioso prevenindo calamidades e arrasamentos.

Nos grandes edifícios modernos, para-raios seguros coíbem o impacto fulminatório das faíscas elétricas.

Desde tempos longevos, esgotos sólidos extraem detritos do pouso humano.

Cada templo doméstico possui sistemas habituais de limpeza.

Entretanto, no campo do espírito, o homem desavisado acalenta nas fibras do próprio ser o lodo da maledicência e o lixo da mágoa, libertando os raios da blasfêmia e a onda letal da ira, ferindo os outros e atormentando a si mesmo...

Quantas enfermidades nascem dos pântanos da amargura e quantos crimes se configuram no extravasamento da cólera! Impossível enumerá-los...

Se a mensagem do Evangelho te anuncia as Boas-Novas da Redenção, foge, assim, ao domínio da viciação e da crueldade.

À frente da irritação e do desalento, da agressividade e da injúria, oferece o dom inefável de tua paz, falando para o bem ou silenciando na grande compreensão, porque em ti, que guardas o nome do Cristo empenhado na própria vida, o Reino do Amor deve começar.

60
Terra, bênção divina

Porque Deus amou o mundo de tal maneira que deu o seu Filho unigênito, para que todo aquele que n'Ele crê não pereça, mas tenha a vida eterna.
JESUS (*João*, 3:16.)

Não amaldiçoes o mundo que te acolhe.
Nele encontras a Bênção Divina, envolvente e incessante, nas bênçãos que te rodeiam.
O regaço materno...
O refúgio do corpo...
O calor do berço...
O conforto do lar...
O privilégio da oração...
O apoio do alfabeto...
A luz do conhecimento...
A alegria do trabalho...
A riqueza da experiência...
O amparo das afeições...
Do mundo recebes o pão que te alimenta e o fio que te veste.

No mundo respiraram os heróis de teu ideal, os santos de tua fé, os apóstolos de tua inspiração e as inteligências que te traçaram roteiro.

O Criador não no-lo ofertou por exílio ou prisão, mas por escola regenerativa e abrigo santo, qual divino jardim a pleno céu, esmaltado de sol, durante o dia, e envolvido de estrelas, durante a noite.

Se algo nele existe que o tisna de lágrimas e empesta de inquietação, é a dor de nossos erros...

Não te faças, assim, causa do mal no mundo, que, em todas as expressões essenciais, consubstancia o Bem Maior em si mesmo.

Lembra-te de que "Deus amou o mundo de tal maneira que deu o seu Filho unigênito, para que todo aquele que n'Ele crê não pereça, mas tenha a vida eterna."

61
Perdão, remédio santo

Pai, perdoa-lhes porque não sabem o que fazem. [...]
Jesus (*Lucas*, 23:34.)

Toda vez que a moléstia te ameaça, recorres necessariamente aos remédios que te liberem da apreensão.

Agentes calmantes para a dor...

Sedativos para a ansiedade...

Em suma, à face de qualquer embaraço físico, procuras reabilitar as funções do órgão lesado.

Lembra-te de semelhante impositivo e recorda que há pensamentos enfermiços de queixa e mágoa, de prevenção e antipatia, a te solicitarem adequada medicação para que se te restaure o equilíbrio.

E se nas doenças vulgares reclamas despreocupação, em favor da cura, é natural que nos achaques do espírito necessites de esquecimento para que se te refaçam as forças.

O perdão é, pois, remédio santo para a euforia da mente na luta cotidiana.

Tanto quanto não deves conservar detritos e infecções no vaso orgânico, não mantenhas aversão e rancor na própria alma.

Perdoa a quantos te aborreçam, perdoa a quantos te firam.

Perdoa agora, hoje e amanhã, incondicionalmente.

Recorda que todas as criaturas trazem consigo as imperfeições e fraquezas que lhes são peculiares, tanto quanto, ainda desajustados, trazemos também as nossas.

É por isso que Jesus, o Emissário Divino, crucificado pela perseguição gratuita, rogou a Deus, ante os próprios algozes:

– "Pai, perdoa-lhes porque não sabem o que fazem. [...]"

E, deixando os ofensores nas inibições próprias a cada um, sustentou em si a luz do amor que dissolve toda sombra, induzindo-nos à conquista da luz eterna.

62
No campo do verbo

Tu, porém, fala o que convém à sã doutrina.
Paulo (Tito, 2:1.)

Na atividade verbalista, emprega o homem grande parte da vida. E, com a palavra, habitualmente se articulam os bens e os males que lhe marcam a rota.

É de se lamentar, entretanto, o desperdício de força nesse sentido.

Quase sempre, computada a conversação de toda uma existência, o balanço acusa diminuta parcela de proveito, com largo coeficiente de prejuízo e inutilidade.

Muitas vezes, ninguém denota agradecimento pela riqueza de um dia claro; todavia, basta a passagem de uma nuvem com leve garoa a cair, para que muita gente destile exclamações vinagrosas, em longas tiradas inconsequentes. De maneira geral, não existem olhos para a contemplação de grandes serviços públicos; no entanto, vaga incerteza do trabalho administrativo gera longos debates da opinião.

Há criaturas que guardam barômetros em casa para criticarem o tempo, tanto quanto há pessoas que adquirem pontualmente o jornal para a censura ao governo.

Muitos dormem tranquilos quando se trate de ouvir ensinamentos edificantes, declarando-se enfermos da memória, mas revelam admirável controle de si mesmos, quando o rádio anuncia calamidades, gastando vastas horas de comentário eloquente.

Esmaece a atenção quando é preciso aprender o bem, contudo, o olhar flameja interesse quando o mal surge à vista.

O mundo em si é sempre um parlatório de proporções gigantescas onde as almas se encontram para falar, combinando fazer...

Raras, no entanto, conversam para ajudar...

Desborda-se a maioria no espinheiral da reprovação, no tormento da inveja, na fogueira da crítica ou no labirinto da queixa.

Para nós outros, no entanto, o Evangelho é seguro na advertência.

"Tu, porém – diz-nos o apóstolo –, fala o que convém à sã doutrina."

Não olvides, assim, que de sentimento a sentimento chegamos à ideia. De ideia em ideia, alcançamos a palavra. De frase a frase, atingimos a ação. E de ato em ato, acendemos a luz ou estendemos a treva dentro de nós.

63
No campo da vida

Entesourando para si mesmos um bom fundamento para o futuro, para que possam alcançar a verdadeira vida.
Paulo (*I Timóteo*, 6:19.)

Se te encontras interessado no próprio aperfeiçoamento, aproveitar é a palavra de ordem.

Repara o exemplo da Natureza.

O pão que te serve é a essência de muitos envoltórios que tornaram para o quimismo da gleba.

O clima reconfortante do lar é produto da limpeza constante.

Se pretendes avançar ao encontro do melhor, despoja-te do inútil.

Muitos aspiram à tranquilidade apegando-se à inquietação, enquanto outros muitos pretendem a primazia da fé, rendendo preito à negação de si próprios.

Querem a paz, guardando-se irritadiços, e anseiam pela segurança do bem, afirmando-se, eles mesmos, tão endividados com o mal que não lhes sobra leve possibilidade de consagração à virtude.

É natural estejamos nós sob a carga de avelhantados problemas. Herdeiros de passado culposo, é preciso revisar as próprias tendências e ajuizar quanto às nossas necessidades para que não estejamos tateando na sombra. Contudo, se aspiramos a melhorar amanhã, é forçoso sermos melhores ainda hoje.

Para isso não vale simplesmente partilhar o trabalho geral, mas selecionar a experiência comum, assimilando-lhe o ensinamento.

Não sintonizarás a antena do coração com as mensagens de toda a parte.

Recolherás aquelas que te enobreçam.

Não comprarás aflições.

Preocupar-te-ás com o que for justo.

Não te esqueças, pois, de que viver é atributo de todos, mas viver bem é o caminho de quantos se dirigem, leais ao Bem, para a divina luz da Vida Real.

64
Êxito

Se vós estiverdes em mim e as minhas palavras estiverem em vós, pedireis tudo o que quiserdes, e vos será feito.
Jesus (*João*, 15:7.)

Muitos companheiros perdem recurso, oportunidade, tempo e força na preocupação desmedida em torno do êxito.

Sonhando realizações mirabolantes, acabam frustrados na mania de grandeza.

Dizem-se interessados na lavoura do bem, mas, para cultivá-la, esperam a execução de negócios imaginários, a aquisição de poder, a posse de ouro fácil ou a chegada de prêmios fortuitos... E, complicando a própria estrada, observam-se, de chofre, em presença da morte, quando menos contavam com semelhante visita.

Entretanto, o conquistador do maior êxito de todos os tempos não se ausentou do mundo como quem triunfara...

Não recebeu heranças amoedadas, não governou princípios políticos, não escreveu livros, não se enfileirou entre os maiorais de sua época...

Aprisionado como vulgar malfeitor, foi sentenciado à morte e passou como sendo vítima de pavoroso fracasso.

Contudo, as sementes de amor puro que colocou na alma do povo transformaram o mundo.

Repara Jesus e perceberás que o nosso problema não é de ganhar para fazer, mas de fazer para ganhar.

A colheita não precede a sementeira, tanto quanto o teto não se antepõe à base.

Sirvamos ao bem, simplificando o caminho, de vez que a vitória real é a vitória de todos, convictos de que não precisamos gastar as possibilidades da existência em expectativa e tensão, porquanto, *se estivermos em Cristo*, tudo quanto de que necessitarmos será feito em nosso favor, no momento oportuno.

65
Defesa

Quando pois vos conduzirem para vos entregarem, não estejais solícitos de antemão pelo que haveis de dizer, mas, o que vos for confiado naquela hora, isso falai, porque não sois vós os que falais e sim o Espírito Santo.
Jesus (*Marcos*, 13:11.)

Se tens a consciência tranquila no cumprimento do próprio dever, guardas em ti mesmo cidadela e refúgio.

Não te percas em conflitos inúteis, nem te emaranhes nas explicações infindáveis.

Acusado de mistificador, responde com o devotamento à verdade.

Acusado de malfeitor, responde fazendo o bem.

Por todas as culpas imaginárias em que te cataloguem o nome, oferece por resposta a prestação de serviço.

O fruto revela a árvore.

A obra fala do homem.

Quem te provoca, através do escárnio, mostra-se mal informado ou doente; e quem te fere, através do insulto, traz consigo pensamentos de ódio e destruição.

Não lhes sanarias o mal à força de palavras somente.

Dá-lhes a conhecer a própria rota no trabalho edificante que realizas e a Luz Divina inspirar-te-á o verbo justo, no instante certo.

Meditando sobre a atitude do Cristo, ao deixar justiçar-se, nos tribunais terrenos, ante a sanha dos cruéis detratores que o içaram à cruz, somos induzidos a pensar que o Mestre – centralizando-se nas construções da Vontade do Pai – teria agido assim por ter mais que fazer que gastar tempo em defesas desnecessárias.

66
O primeiro passo

Portanto, tudo o que quiserdes que os homens vos façam, fazei-o assim também vós a eles, porque esta é a Lei e os Profetas.
Jesus (*Mateus*, 7:12.)

A regra áurea recebe citações em todos os países.

Em torno dela gravitam livros, poemas, apelos e sermões preciosos.

Entretanto, raros se lembram do primeiro passo para que se desvele toda a sua grandeza.

Não podemos reclamar a ajuda dos outros.

Antes, é justo prestar auxílio.

Não será lícito exigir a desculpa de alguém.

Antes, é imperioso saibamos desculpar.

Convidados a compreender, muitos dizem "não posso", e instados a auxiliar, respondem muitos "ainda não…".

Esquecem-se, porém, de que amanhã serão talvez os necessitados e os réus, carecentes de perdão e socorro. E, muitas vezes, ainda quando não precisem de semelhantes bênçãos para si mesmos, por elas suspirarão em favor dos que mais amem, à face das sombras que lhes devastam a vida.

Se um exemplo pode ser invocado, como bússola, recordemos Jesus.

O Mestre dos mestres faz o bem, despreocupado de considerações, alivia sem paga, acende a esperança sem que os homens lha peçam e perdoa espontaneamente aos que o injuriam e apedrejam, sem aguardar-lhes retratação.

Veneremos, assim, a regra áurea e estendamos o espírito de amor de que se toca, divina; contudo, estejamos certos de que ela somente valerá para nós se lhe dermos a aplicação necessária.

O texto do ensinamento é vivo e franco:

— "Tudo o que quiserdes que os homens vos façam, fazei-o assim também vós a eles."

Querer o bem é impulso de todos, mas, na prática do estatuto sublime, é forçoso sejamos nós quem se adiante a fazê-lo.

67
A melhor medida

Tenha, porém, a paciência a sua obra perfeita, para que sejais perfeitos e completos, sem faltar em coisa alguma.
(Tiago, 1:4.)

Mais que as doenças vulgares do corpo, sofres os problemas da alma, agravando-te a tensão, cada dia.

Mais que os micróbios patogênicos a te assaltarem os tecidos do instrumento físico, padeces a intromissão de agentes mentais inquietantes, atormentando-te as fibras da alma.

Levantas-te, cada manhã, muita vez, com as lutas da véspera e, antes que se te rearmonizem as forças, cambaleias mentalmente ao impacto da irritação de familiares incompreensivos...

Prestas longas explicações, a benefício da tranquilidade ambiente; contudo, mal terminas o arrazoado afetuoso, há quem te malsine a palavra, complicando as questões em torno...

Movimentas correção e sinceridade, honrando os próprios deveres; todavia, quando te julgas a cavaleiro de toda crítica, aparece alguém arrastando-te o coração ao mercado da injúria...

Empenhas carinho e abnegação no cultivo do amor ao lado de alguém; contudo, quando te crês em segurança no caminho do entendimento, observas que a ingratidão te envenena os melhores gestos...

Entretanto, à frente de toda dificuldade não te lastimes, nem desfaleças...

Para toda perturbação, a paciência é a melhor medida.

Não profiras qualquer palavra de que te possas arrepender.

Silencia e abençoa sempre, porque, amanhã, quantos hoje se precipitam na sombra voltarão novamente à luz.

Esquecido, usa a paciência e ajuda sem exigir.

Insultado, recorre à paciência e esquece o mal.

Em todas as dores, arrima-te à paciência.

Em todo embaraço, espera com paciência.

Todo progresso humano surge da Paciência Divina. Conserva-te, pois, na força da paciência e, onde estejas, farás sempre o melhor.

68
Aguardemos

E assim, esperando com paciência, alcançou a promessa.
Paulo (*Hebreus*, 6:15.)

Em qualquer circunstância, espera com paciência.

Se alguém te ofendeu, espera.

Não tomes desforço a quem já carrega a infelicidade em si mesmo.

Se alguém te prejudicou, espera.

Não precisas vingar-te de quem já se encontra assinalado pela justiça.

Se sofres, espera.

A dor é sempre aviso santificante.

Se o obstáculo te visita, espera.

O embaraço de hoje, muita vez, é benefício amanhã.

A fonte, ajudando onde passa, espera pelo rio e atinge o oceano vasto.

A árvore, prestando incessante auxílio, espera pela flor e ganha a bênção do fruto.

Todavia, a enxada que espera, imóvel, adquire a ferrugem que a desgasta.

O poço que espera, guardando águas paradas, converte a si próprio em vaso de podridão.

Sejam, pois, quais forem as tuas dificuldades, espera, fazendo em favor dos outros o melhor que puderes, a fim de que a tua esperança se erga sublime, em luminosa realização.

69
Na luz da compaixão

Bem-aventurados os misericordiosos,
porque alcançarão misericórdia.
Jesus (*Mateus*, 5:7.)

Deixa que a luz da compaixão te clareie a rota, para que a sombra te não envolva.

Sofres a presença dos que te pisam as esperanças?

Compaixão para eles.

Ouves a palavra dos que te ironizam?

Compaixão para eles.

Padeces o assalto moral dos que te perturbam?

Compaixão para eles.

Recebes a farpa dos que te perseguem?

Compaixão para eles.

A crueldade e o sarcasmo, a demência e a vileza são chagas que o tempo cura.

Rende graças a Deus, por lhes suportares o assédio sem que partam de ti.

No fundo são males que surgem da ignorância, como a cegueira nasce das trevas.

Não sanarás o desequilíbrio do louco, zurzindo-lhe a cabeça, nem expulsarás a criminalidade do malfeitor, cortando-lhe os braços.

Diante de todos os desajustamentos alheios, compadece-te e ampara sempre.

Perante todos os disparates do próximo, compadece-te e faze o melhor que possas.

Todos somos alunos no educandário da vida e todos somos suscetíveis de queda moral no erro.

Usa, pois, a misericórdia com os outros e acharás nos outros a misericórdia para contigo.

70
Pacifica sempre

Bem-aventurados os pacificadores, porque serão chamados filhos de Deus.
Jesus (*Mateus*, 5:9.)

Por muitas sejam as dores que te aflijam a alma, asserena-te na oração e pacifica os quadros da própria luta.

Se alguém te fere, pacifica desculpando.

Se alguém te calunia, pacifica servindo.

Se alguém te menospreza, pacifica entendendo.

Se alguém te irrita, pacifica silenciando.

O perdão e o trabalho, a compreensão e a humildade são as vozes inarticuladas de tua própria defesa.

Golpes e golpes são feridas e mais feridas.

Violência com violência somam loucura.

Não ergas o braço para bater, nem abras o verbo para humilhar.

Diante de toda perturbação, cala e espera, ajudando sempre.

O tempo sazona o fruto verde, altera a feição do charco, amolece o rochedo e cobre o ramo fanado de novas flores.

Censura é clima de fel.

Azedume é princípio de maldição.

Onde estiveres, pacifica.

Seja qual for a ofensa, pacifica.

E perceberás, por fim, que a paz do mundo é dom de Deus, começando de ti.

71
Olhos

*[...] Se os teus olhos forem bons, todo
o teu corpo terá luz [...].*
Jesus (*Mateus*, 6:22.)

Olhos... Patrimônio de todos.

Encontramos, porém, olhos diferentes em todos os lugares.

Olhos de malícia...

Olhos de crueldade...

Olhos de ciúme...

Olhos de ferir...

Olhos de desespero...

Olhos de desconfiança...

Olhos de atrair a viciação...

Olhos de perturbar...

Olhos de registrar males alheios...

Olhos de desencorajar as boas obras...

Olhos de frieza...

Olhos de irritação...

Se aspiras, no entanto, a enobrecer os recursos da visão, ama e ajuda, aprende e perdoa sempre, e guardarás contigo os "olhos bons", a que se referia o Cristo de Deus, instalando no próprio espírito a grande compreensão suscetível de impulsionar-te à glória da Eterna Luz.

72
Ouvidos

Quem tem ouvidos de ouvir, ouça.
Jesus (*Mateus*, 11:15.)

Ouvidos... Toda gente os possui.

Achamos, no entanto, ouvidos superficiais em toda a parte.

Ouvidos que apenas registam[4] sons.

Ouvidos que se prendem a noticiários escandalosos.

Ouvidos que se dedicam a boatos perturbadores.

Ouvidos de propostas inferiores.

Ouvidos simplesmente consagrados à convenção.

Ouvidos de festa.

Ouvidos de mexericos.

Ouvidos de pessimismo.

Ouvidos de colar às paredes.

Ouvidos de complicar.

---

[4] N.E.: Ver nota no capítulo 25.

Se desejas, porém, sublimar as possibilidades de acústica da própria alma, estuda e reflete, pondera e auxilia, fraternalmente, e terás contigo os "ouvidos de ouvir", a que se reportava Jesus, criando em ti mesmo o entendimento para a assimilação da Eterna Sabedoria.

73
Excesso

Pois que aproveitaria ao homem ganhar o mundo todo e perder a sua alma?
Jesus (*Marcos*, 8:36.)

Enquanto a criatura permanece no corpo terrestre, é natural se preocupe com o problema da própria manutenção.

Vigilância não exclui previdência.

Mas não podemos olvidar que o apego ao supérfluo será sempre introdução à loucura.

Tudo aquilo que o homem ajunta abusivamente, no campo exterior, é motivo para aflição ou inutilidade.

Patrimônios físicos sem proveito, isca de sombra atraindo inveja e discórdia.

Alimentos guardados, valores a caminho da podridão.

Roupa em desuso, asilo de traças.

Demasiados recursos amoedados, tentações para os descendentes.

Todo excesso é parede mental isolando, aqueles que o criam, em cárceres de orgulho e egoísmo, vaidade e mentira.

Observa, assim, o material que amontoas.

Tudo o que está fora de ti representa caminho em que transitas.

Agarrar-se, pois, ao efêmero é prender-se à ilusão.

Mas todos os bens espirituais que ajuntares em ti mesmo, como sejam virtude e educação, constituem valores inalienáveis a brilharem contigo, aqui ou alhures, em sublimação para a vida eterna.

74
Nossa cruz

*Se alguém quiser vir após mim, negue-se
a si mesmo, tome a sua cruz e siga-me.*
Jesus (*Marcos*, 8:34.)

Ninguém se queixe inutilmente.

A dor é processo.

A perfeição é fim.

Assim sendo, caminheiros da evolução ou da redenção têm, cada qual, a sua cruz.

Esse almeja, aquele deve.

E para realizar ou ressarcir, a vida pede preço.

Ninguém conquista algo, sem esforçar-se de algum modo; e ninguém resgata esse ou aquele débito, sem sofrimento.

Enquanto a criatura não adquire consciência da própria responsabilidade, movimenta-se no mundo à feição de semi-racional, amontoando problemas sobre a própria cabeça.

Entretanto, acordando para a necessidade da paz consigo mesma, descobre de imediato a cruz que lhe cabe ao próprio burilamento.

Encarnados e desencarnados, jungidos à Terra, vinculam-se todos ao mesmo impositivo de progresso e resgate.

No círculo carnal, a cruz é a dificuldade orgânica, o degrau social, o parente infeliz...

No plano espiritual, é a vergonha do defeito íntimo não vencido, a expiação da culpa, o débito não pago...

Tenhamos, pois, a coragem precisa de seguir o Senhor em nosso anseio de ressurreição e vitória.

Para isso, porém, não nos esqueçamos de que será preciso olvidar o egoísmo enquistante e tomar nossa cruz.

75
Libertemos

Disse-lhes Jesus: desatai-o e deixai-o ir.
(*João*, 11:44.)

É importante pensar que Jesus não apenas arrancou Lázaro à sombra do túmulo. Trazendo-o, de volta, à vida, pede para que seja restituído à liberdade.

"Desatai-o e deixai-o ir" – diz o Senhor.

O companheiro redivivo deveria estar desalgemado para atender às próprias experiências.

Também nós temos, no mundo da própria alma, os que tombam na fossa da negação.

Os que nos dilaceram os ideais, os que nos arrastam à desilusão, os que zombam de nossas esperanças e os que nos lançam em abandono assemelham-se a mortos na cripta de nossas agoniadas recordações.

Lembrá-los é como reavivar velhas úlceras.

Entretanto, para que nos desvencilhemos de semelhantes angústias, é imperioso retirá-los do coração e devolvê-los ao sol da existência.

Não basta, porém, esse gesto de libertação para nós. É imprescindível haja de nossa parte auxílio a eles, para que se desagrilhoem.

Nem condená-los, nem azedar-lhes o sentimento, mas sim exonerá-los de todo compromisso, ajustando-os a si próprios.

Aqueles que libertamos de qualquer obrigação para conosco, entregando-os à bondade de Deus, mais cedo regressam à luz da compreensão.

Se alguém, assim, caiu na morte do mal, diante de ti, ajuda-o a refazer-se para o bem; entretanto, além disso, é preciso também desatá-lo de qualquer constrangimento e deixá-lo ir.

76

Socorramos

[...] Com a medida com que tiverdes medido vos hão de medir a vós.
Jesus (*Mateus*, 7:2.)

Decerto observarás, em toda parte, desacordos, desentendimentos, desajustes, discórdias...

Junto do próprio coração, surpreenderás os que parecem residir em regiões morais diferentes. Entes amados desertam da estrada justa, amigos queridos abraçam perigosas experiências.

Como ajudar aos que nos parecem mergulhados no erro?

Censurar é fazer mais distância, desprezá-los será perdê-los.

É imprescindível saibamos socorrê-los, através do bem efetivo e incessante.

Para começar, sintamo-nos na posição deles, a comungar-lhes a luta.

Situemo-nos no campo dos problemas em que se encontram e atendamos à prestação de serviço silencioso.

Se aparece oportunidade, algo façamos para testemunhar-lhes apreço.

No pensamento, guardemo-los todos em vibrações de entendimento e carinho.

Na palavra, envolvamo-los na bênção do verbo nobre.

Na atitude, amparemo-los quanto seja possível.

Em todo e qualquer processo de ação, fortalecê-los para o bem é nosso dever maior.

À frente, pois, daqueles que se te afiguram desnorteados, estende o coração e as mãos para auxiliar, porque todos estamos no caminho da evolução e, segundo a assertiva do nosso Divino Mestre, com a medida com que tivermos medido nos hão de medir a nós.

77
Se procuras o melhor

Tenha, porém, a paciência a sua obra perfeita para que sejais perfeitos e completos, sem faltar em coisa alguma.
(*Tiago*, 1:4.)

A paciência vive na base de todas as boas obras.

Acalentarás sublime ideal; contudo, se não tens paciência de realizá-lo...

Sonhas cumprir elevada missão; mas, se não tens paciência de sofrê-la...

Levantarás preciosa instituição; contudo, se não tens paciência de sustentá-la...

Queres a felicidade no lar; mas, se não tens paciência de construí-la...

Planejas belo futuro para teu filho; contudo, se não tens paciência de educá-lo...

Aspiras a determinada profissão; mas, se não tens paciência de aprendê-la...

Sem paciência, os mais altos projetos resultam em frustração.

Observa o pomicultor que deseja fruto na árvore.

Primeiro, a paciência de preparar a gleba. Em seguida, a paciência de plantar, de cultivar, de defender, de auxiliar e de esperar a colheita madura.

O tempo não respeita as edificações que não ajudou a fazer.

Se procuras o melhor, não desprezes a paciência de trabalhar para que o melhor te encontre e ilumine.

Em todo caminho, sem paciência perfeita, não há possibilidade de perfeição.

78
Melhorando sempre

Estamos orando a Deus para que não façais mal algum, não para que simplesmente pareçamos aprovados, mas para que façais o bem [...].
PAULO (*II Coríntios*, 13:7.)

Evidentemente, não podes garantir a felicidade do mundo que se encontra, de maneira constante, sob o impacto das lutas evolutivas que lhe orientam a marcha, entanto, ninguém está impedido de cultivar o trato de terra em que vive, amparando uma árvore amiga ou alentando uma flor.

Certo, não podes curar as chamadas chagas sociais, indesejáveis mas compreensíveis numa coletividade de espíritos imperfeitos quais somos ainda todos nós, em regime de correção e aperfeiçoamento, contudo, ninguém está impossibilitado de proceder honestamente e apoiar os semelhantes com a força moral do bom exemplo.

Sem dúvida, não podes socorrer a todos os enfermos que choram na Terra, entretanto, ninguém está proibido de atenuar a provação de um amigo ou de um vizinho, propiciando-lhe a certeza de que o amor não desapareceu dos caminhos humanos.

Indiscutivelmente, não podes sanar as dificuldades totais da família em que nasceste, todavia, ninguém está interditado, no sentido de ajudar a um parente menos feliz ou cooperar na tranquilidade que se deve manter em casa.

Não te afastes da cultura do bem, sob o pretexto de nada conseguires realizar contra o domínio das atribulações que lavram no planeta.

O Senhor nunca nos solicitou o impossível e nem nunca exigiu da criatura falível espetáculos de grandeza compulsória.

Conquanto existam numerosos desertos, a fonte pequenina corre, confiante, fecundando a gleba em que transita.

Não nos é facultado corrigir todos os erros e extinguir todas as aflições que campeiam nas trilhas da existência, mas todos podemos atravessar o cotidiano, melhorando a vida e dignificando-a, em nós e em torno de nós.

79
Pacifiquemos

Bem-aventurados os pacificadores, porque serão chamados filhos de Deus.
Jesus (*Mateus*, 5:9.)

Não adianta estender a guerra nervosa.

A contradita esperar-te-á em cada canto, porque a paz é fundamento da Lei de Deus.

Observa as catástrofes que vão passando…

Vezes sem conta, o homem faz-se o lobo do próprio homem, destruindo o campo terrestre; mas Deus, em silêncio, determina que a erva cubra de novo o solo, colocando a flor na erva e formando o fruta no corpo da própria flor.

Vulcões arruínam extensas regiões, mas Deus restaura as paisagens diceradas.

Maremotos varrem cidades, mas Deus indica-lhes outro lugar e ressurgem mais belas.

Terremotos trazem calamidades, aqui e ali, mas Deus reajusta a fisionomia do Globo.

Moléstias estranhas devastam populações inteiras, mas Deus inspira a cabeça de cientistas abnegados e liquida as epidemias.

Tempestades, de quando em quando, sacodem largas faixas da Terra, mas Deus, pelas forças da Natureza, faz o reequilíbrio de tudo.

Não te entregues ao pessimismo em circunstância alguma.

Tudo pode ser, agora, diante de ti, aflição e convulsão; contudo, tranquiliza a vida em torno, quanto puderes, porque a paz chegará pelas mãos de Deus.

80
Bendigamos

*Porque quem quer amar a vida e ver os dias
bons, refreie a sua língua contra o mal [...].*
Pedro (*I Pedro*, 3:10.)

Não vale condenar.

O desmentido talvez chegue hoje, de maneira imprevista, porque a misericórdia é alicerce da Lei de Deus.

Reflete quantas vezes já observaste o socorro invisível ao que era tido em conta de mal irremediável.

Viste doentes graves voltarem repentinamente à saúde, quando já se achavam sentenciados à morte.

Conheces malfeitores que se transformaram em homens de bem, quando pareciam totalmente afundados na delinquência.

Tateaste problemas complexos que encontraram equação de improviso, quando se te afiguravam plenamente insolúveis.

Choraste sobre situações inquietantes que tomaram rumo salvador, quando tudo te fazia crer em tragédia.

Seja qual seja a provação em curso, refreia a língua para que a tua língua não amaldiçoe.

É possível estejas vendo tudo em derredor de teus passos pelo prisma do desespero...

Entretanto, asserena-te e aguarda, confiante, porque, se a misericórdia de Deus ainda não está alcançando o teu quadro de luta, permanece a caminho.

81
Prosseguindo

Prossigo para o alvo [...].
Paulo (*Filipenses*, 3:14.)

Encontras o semblante amargo da solidão no momento em que as circunstâncias te compelem a deixar o conhecido.

Supões que a construção de toda a existência desaba sobre ti mesmo, como se a ausência da moldura familiar te rasgasse o quadro da própria alma.

Corações amigos, atraídos por outras sendas, abandonaram-te os ideais; pessoas queridas deixaram-te a sós; aposentaram-te a distância do trabalho de muitos anos, ou a morte, de passagem, ceifou o sorriso dos companheiros que te eram mais caros...

Sentes, por vezes, que estás deixando para trás tudo o que te parece mais valioso, entretanto, não é verdade.

Basta jornadeies corajosamente adiante e, buscando expressar-te em novas formas, reconhecerás que o amor e o trabalho são mais belos em teu caminho.

Compreenderás, então, que podes adicionar novas parcelas de alegria à felicidade dos que mais amas e que podes servir com mais entendimento às aspirações que te inspiram a marcha.

Se a vida te apresenta a fisionomia triste da solidão, recorda a própria imortalidade e não te detenhas.

O menino deixa a infância para entrar na mocidade, o jovem deixa a mocidade para entrar na madureza, o adulto deixa a madureza para entrar na senectude e o ancião deixa a extrema velhice para entrar no mundo espiritual, não como quem perde os valores adquiridos, mas sim prosseguindo para o alvo que as Leis de Deus nos assinalam a cada um...

82
Tua obra

Mas prove cada um a sua própria obra e terá glória só em si mesmo e não noutro.
Paulo (*Gálatas*, 6:4.)

Ainda mesmo que te sintas em lugar impróprio às tuas aptidões e mesmo que as tuas atividades pareçam sem qualquer importância, lembra-te de que a Lei do Senhor te coloca presentemente na condição em que podes produzir melhor e aprender com mais segurança.

Tens, assim, a tua obra particular e intransferível na execução do plano universal de Deus. Não aspires, desse modo, a assumir, de imediato, as responsabilidades daqueles que se encontram expostos à multidão, a pretexto de desempenhares mandato especial, ante a Providência Divina.

A tarefa de que te incumbes, nos últimos degraus ou no plano mais obscuro do lar, é de suma importância nos desígnios do Senhor. A folha de papel que te sai das mãos pode ser aquela em que se grafarão palavras destinadas ao consolo de toda a comunidade, e o menino que te obriga a pesadas noites de insônia pode trazer consigo o trabalho de auxílio providencial a um povo inteiro. A fonte que proteges, em muitas ocasiões, será o alimento para milhares de criaturas, e a árvore que plantas dar-te-á, talvez amanhã, o remédio de que precises.

Tua obra de hoje é o serviço que o Senhor te deu hoje a realizar. Faze-o do melhor modo, recordando que, apesar da grandeza divina do nosso Divino Mestre, foi Ele, um dia, na Terra, humilde criança, constituindo obra de abnegação e de amor para os braços de pobre mãe, recolhida temporariamente à estrebaria, sem conforto e sem lar.

83
Presença divina

Eis que estou convosco até o fim dos séculos. [...]
Jesus (*Mateus*, 28:20.)

    Pastores religiosos dos diversos templos cristãos declaram, todos os dias e por toda a parte, que Jesus está com os líderes mundiais, com os cientistas da Terra, com os orientadores da mente popular e com todas as linhas da Civilização; entretanto, vemos a maioria dos condutores e dos conduzidos no mundo, em franca discórdia, exibindo, aqui e ali, conflitos de sangue e ódio.

    Tudo parece desmentir a boca otimista dos pregadores, tal a ventania de desavenças que sopra de todas as direções.

    Os expositores do Evangelho, no entanto, conservam precisão matemática em semelhantes afirmativas.

    Jesus não formulou promessas frustradas... Estará, sim, com todos os corações da Terra, sempre e sempre; contudo, a Doutrina Espírita, suplementando as anotações do Testamento do Cristo, vem explicar, sem sombra de dúvida, que o Mestre está e estará com toda a Humanidade, mas apenas conheceremos fruto visível e imediatamente aproveitável de sua presença sublime, na criatura terrestre, dessa ou daquela posição, que esteja também com Ele.

84
Divinos dons

Porque Deus não nos deu o espírito de temor,
mas de fortaleza, de amor e de moderação.
Paulo (*II Timóteo*, 1:7.)

Realmente, não foi o Pai Excelso quem nos instilou o espírito do medo. Ao revés disso, conferiu-nos largamente a fortaleza, o amor e a moderação.

Todos somos, assim, dotados de recursos para desenvolver, ao infinito, os dons divinos da fortaleza que é valor moral, do amor que é serviço incessante no bem e da moderação que define equilíbrio.

Entretanto, à maneira do operário que foge à máquina, acreditando receber impunemente o salário da oficina, sem o suor do trabalho, desertamos da responsabilidade, supondo obter sem paga os benefícios da vida, sem o esforço do próprio burilamento. O operário, nessas circunstâncias, ganha vantagens materiais; contudo, na intimidade, permanece no nível da incompetência; e nós outros, em semelhante atitude, podemos desfrutar considerações do plano terrestre, mas, por dentro, estacamos na sombra da ignorância.

É por isso que geramos, em nosso prejuízo, o clima do medo, em que os monstros do egoísmo e da discórdia, do desespero e da crueldade se desenvolvem, tanto quanto a cultura de várias enfermidades prolifera na podridão.

Não te percas, desse modo, nas ideias enquistantes ou destruidoras do medo, capazes de operar a ruína dos melhores impulsos, porque, se utilizas a fortaleza, o amor e a moderação – talentos de que o Senhor te investiu em favor do próprio aperfeiçoamento –, seguirás para diante, na Terra e além da Terra, com a luz do coração e a paz da consciência.

85
Se aspiras a servir

Aprendi a contentar-me com o que tenho.
Paulo (*Filipenses*, 4:11.)

Afirmas-te no veemente propósito de servir; entretanto, para isso, apresentas cláusulas diversas.

Dispões de recursos próprios, conquanto humildes, para as tarefas do socorro material; contudo, esperas pelo dinheiro dos outros.

Tens contigo vastas possibilidades para alfabetizar os necessitados de instrução, mas esperas um título oficial que talvez nunca chegue.

Mostras pés e braços livres que te garantem o auxílio aos irmãos em prova; entretanto, esperas acompanhantes que provavelmente jamais se decidam ao concurso fraterno.

Relacionas talentos múltiplos, a fim de cumprires abençoada missão de amor puro entre os homens; todavia, esperas em família pelo companheiro ideal.

Se acordaste para a cooperação com Jesus, recorda a afirmativa de Paulo: "Aprendi a contentar-me com o que tenho."

Quando o apóstolo escreveu essa confissão, estava preso em Roma.

Em torno dele, o ambiente doloroso do cárcere. Guardiães desalmados, companheiros infelizes, pragas e palavrões. Nem sempre pão à mesa, nem sempre água pura, nem sempre consolação, nem sempre voz amiga...

No entanto, ao invés de desanimar, o pioneiro do Evangelho cede vida e força, serenidade e bom ânimo de si próprio.

Se aspiras a servir aos outros, servindo a ti mesmo, no reino do Espírito, não percas tempo na expectativa inútil, pois todo aquele que sente, e age com o Cristo, vive satisfeito e procura melhorar-se, melhorando a vida com aquilo que tem.

86
Não te inquietes

Não estejais inquietos por coisa alguma.
Paulo (*Filipenses*, 4:6.)

A observação do Apóstolo Paulo é importante para todos os dias.

Ninguém esteja inquieto por coisa alguma.

Em verdade, a inquietação é fator desencadeante de numerosas calamidades.

Na maioria das vezes, está presente no erro de cálculo que compromete a construção, na dosagem inadequada do remédio que se transforma em veneno, no acidente infeliz ou no desastre da via pública.

É quase sempre um espinho no lar, um cáustico no ponto de vista, uma brasa no caminho e uma pedra na profissão.

É por ela que, muitas vezes, pronunciamos a expressão descabida e articulamos o julgamento falso a respeito dos outros.

Com ela, geramos preocupações enfermiças e arruinamos a estrada própria.

Contudo, a pretexto de aboli-la, é indispensável não venhamos a cair na preguiça.

Muita gente, a pretexto de evitar a inquietação, asila-se em comodismo deplorável, alegando que foge de trabalhar para não se afligir.

Entendamos, porém, no verdadeiro sentido, a recomendação judiciosa de Paulo. Ele que disse "não estejais inquietos por coisa alguma" nunca esteve ocioso.

87
Alimento verbal

Mas a sabedoria que vem do Alto é primeiramente pura, depois pacífica, moderada, tratável, cheia de misericórdia e de bons frutos [...].
(*Tiago*, 3:17.)

Encontrarás a frase brilhante, repontando de toda a parte.

Empregam-na cientistas eméritos, articulando as interpretações que lhes vêm à cabeça, tomam-na filósofos variados para a exaltação dos princípios que esposam, usam-na os sofistas de todas as procedências para expressarem as ideias que lhes são próprias, apossam-se dela artistas diversos, colorindo as criações que lhes fluem da alma; entretanto, é preciso recebê-la na pauta do discernimento justo.

Há frases seguras e primorosas, ocultando imagens repelentes, assim como tecidos de ouro e pérolas, escondendo o monturo.

Examina o campo que te fornece alimento verbal.

Seja na escrita de mãos hábeis ou na fala de pessoas distintas, assinala o que recolhes.

A inspiração do Alto nasce na fonte dos sentimentos puros, busca a edificação da paz, através do equilíbrio e da afabilidade para com todos, manifesta-se no veículo da compreensão fraternal, exprimindo misericórdia, e produz bons frutos onde esteja.

Não te enganes com discursos preciosos, muita vez desprovidos de qualquer sinal construtivo.

É possível não consigas identificar, de pronto, as intenções de quem fala; entretanto, podes observar os resultados positivos da ação de cada conversador. E pelos frutos que pendem na árvore da vida de cada um, sabes perfeitamente a escolha que te convém.

88
Vasos de barro

Temos, porém, este tesouro em vasos de barro, para que a sublimidade seja da virtude de Deus e não de nós.
PAULO (*II Coríntios*, 4:7.)

Não te furtes a transmitir os dons do Evangelho.

Se caíste, levanta-te e estende as mãos, construindo o melhor.

Se estiveste em erro até ontem, reconsidera o gesto impensado e ajuda aos semelhantes.

Se doente, permanece na confiança, encorajando e esclarecendo a quem te ouve a palavra.

Se cansado, recompõe as próprias forças na fé, e prossegue amparando sempre.

Caluniado, perdoa e esquece o golpe, procurando servir.

Menosprezado, não firas ninguém e esforça-te por ser útil.

Perseguido, esquece o mal e faze o bem que possas.

Insultado, olvida toda ofensa e auxilia sem mágoa.

Em meio de todas as fraquezas e vicissitudes que nos rodeiam a alma, estejamos convictos com o Apóstolo Paulo de que possuímos o conhecimento da verdade e a flama do amor, como quem transporta um tesouro em vasos de barro, para que a excelência da virtude resplandeça por luz de Deus e não nossa.

89
Inesquecível advertência

[...] Que te importa a ti? Segue-me tu.
Jesus (*João*, 21:22.)

Viste, sim, as desilusões com que não contávamos.

Muitos daqueles mesmos amigos que nos exortavam à estrada certa, enovelaram-se nos cipoais da perturbação, como que petrificados na indiferença.

Companheiros que supúnhamos estandartes vivos nas trilhas da verdade, renderam-se a deslavadas mentiras.

Irmãos que nos prometeram fidelidade inquebrantável deixaram-nos a sós, na primeira dificuldade.

Parentes que nos deviam proteção e respeito bandearam-se para campos de sombra e vício, hostilizando-nos o ideal.

E multiplicam-se tropeços para que a nossa caminhada se obstrua.

Converteram-se estímulos em sarcasmos.

Quem nos dava esperança, fornece negação.

Quem ontem nos ajudava, hoje nos desajuda.

Mãos que nos atiravam flores de aplauso fazem agora chover sobre nós as farpas da incompreensão.

Sozinhos, sim...

Muita vez, encontrar-nos-emos, desse modo, entre a expectativa e a solidão.

Nosso primeiro impulso é o de reclamar naquilo que supomos nosso direito; contudo, buscando a palavra do Evangelho, surpreendemos a inesquecível advertência do Senhor:

– "[...] Que te importa a ti? Segue-me tu."

90
Em constante renovação

Renovai-vos no espírito [...].
PAULO (*Efésios*, 4:23.)

Aperfeiçoar para o bem é impositivo da Lei.

Em muitas ocasiões, afirmas-te cansado, sem qualquer recurso para empreender a tua transformação.

Acreditas-te doente, incapaz...

Dizes-te inabilitado, semimorto...

No entanto, agora, como há séculos de séculos, a Natureza em tudo é sublime renascimento.

Renovam-se os dias.

Renovam-se as estações.

Velhas árvores decepadas deitam vergônteas novas.

Pedras multimilenárias dão forma diferente aos serviços da evolução.

Na própria química do corpo em que temporariamente resides, a renovação há de ser incessante.

Renova-se o ar que respiras.

Renova-se o alimento de que te nutres.

Renova-se a organização celular em que te apoias.

Renova-se a limpeza que te acalenta a saúde. Deixa, assim, que a tua emoção e a tua ideia se transfigurem para fazer o melhor.

Estuda, raciocina, observa e medita...

Mais tarde, é certo que a reencarnação te conduzirá para novas lutas e novos ensinamentos; entretanto, permanece convicto de que toda lição nobre, aprendida hoje, por mais obscura e mais simples, será sempre facilidade a sorrir-te amanhã.

91
Apreço

*Dando sempre graças a Deus por tudo,
em Nosso Senhor Jesus Cristo.*
Paulo (*Efésios*, 5:20.)

O Universo é uma corrente de amor, em movimento incessante. Não lhe interrompas a fluência das vibrações.

Nesse sentido, recorda que ninguém é tão sacrificado pelo dever que não possa, de quando em quando, levantar os olhos ou dizer uma frase, em sinal de agradecimento.

Considera sagradas as tuas horas de obrigação, mas não te esqueças do minuto de apreço aos outros.

Os pais não te discutem o carinho, entretanto, multiplicarão as próprias forças com o teu gesto de entendimento; os filhos anotam-te a bondade, no entanto, experimentarão novo alento com o teu sorriso encorajador; os colegas de ação conhecem-te a solidariedade, mas serão bafejados por renovadora energia, perante a reafirmação de teu concurso espontâneo, e os companheiros reconhecem-te a amizade, contudo, entesouram estímulos santos, em te ouvindo a mensagem fraterna.

Ninguém pode avaliar a importância das pequeninas doações.

Uma prece, uma saudação afetuosa, uma flor ou um bilhete amistoso conseguem apagar longo fogaréu da discórdia ou dissipar rochedos de sombra.

Não nos reportamos aqui ao elogio que estraga ou à lisonja que envenena. Referimo-nos à amizade e à gratidão que valorizam o trabalho e alimentam o bem.

Por mais dura seja a estrada, aprende a sorrir e a abençoar, para que a alegria siga adiante, incentivando os corações e as mãos que operam a expansão da Bondade Infinita.

O próprio Deus nunca se encontra tão excessivamente ocupado que não se lembre de sustentar o Sol, para que o Sol aqueça, em seu nome, o último verme, na última reentrância abismal.

92
Solidariedade

*Alegrai-vos com os que se alegram e
chorai com os que choram.*
Paulo (*Romanos*, 12:15.)

Realmente, na Terra, é mais fácil chorar com os que choram.

Em muitas circunstâncias, mágoas alheias servem de consolação para nossas mágoas.

Quem carrega fardos enormes como que nos estimula a suportar os estorvos leves.

Num desastre qualquer, que nos teria colhido, inclinamo-nos, comovidamente, para as vítimas, guardando, muita vez, a ilusão de que fomos agraciados por Deus, como se a responsabilidade de moratórias e empréstimos, que nos são concedidos pela Misericórdia Divina, dentro da Lei, fosse para nós regime de favoritismo e exceção.

Ajudar aos que se encontram em provações maiores que as nossas é caridade sublime; no entanto, é forçoso reconhecer que aconselhar paciência aos que choram, na posição de superiores tranquilos, é o mesmo que falar à margem de um problema, sem estar dentro dele.

Com isso, não queremos diminuir o valor da beneficência. Sem ela, nossas mãos se fariam garras de usura e o egoísmo transformaria a Terra num manicômio.

Desejamos simplesmente afirmar que é mais fácil chorar com os que choram, que alegrar-se alguém com os que se alegram; porquanto, ajudar com o pão ou com a alegria que nos sobram é ato que podemos realizar sem dificuldade, ao passo que, para regozijar-nos com o regozijo dos outros, sem qualquer ponta de inveja ou despeito, é preciso trazermos suficiente amor puro no coração.

93
Serviço e inveja

[...] A caridade não é invejosa [...].
Paulo (*I Coríntios*, 13:4.)

Muitos companheiros asseveram a disposição de ajudar, em nome da caridade; entretanto, para isso, exigem os recursos que pertencem aos outros.

Querem amparar os necessitados...

Mas dizem aguardar vencimento igual ao do colega que lhes tomou a frente na organização de trabalho.

Declaram-se inclinados ao socorro de meninos desprotegidos...

Alegam, todavia, que apenas assumirão a iniciativa quando possuírem casa semelhante à do amigo mais próspero.

Afirmam-se desejosos de colaborar na construção da fé, amando e esclarecendo a quem sofre...

Interpõem, no entanto, a condição de desfrutarem a autoridade dos irmãos que se encarregam dessa ou daquela instituição, antes deles.

Expõem a intenção de escrever, na difusão da luz espiritual...

Contudo, somente entrarão em atividade quando dispuserem da competência de quantos já despenderam larga parte da vida, na estruturação da palavra escrita.

Se aspiras a servir ao bem, não te detenhas na cobiça expectante, a pedir que a possibilidade dos outros te passe às mãos.

A caridade não é invejosa.

Façamos a nossa parte.

94
Beneficência e paciência

A caridade é paciente e benigna [...].
Paulo (*I Coríntios*, 13:4.)

Beneficência, sim, para com todos:
Prato dividido.
Veste aos nus.
Remédio aos doentes.
Asilo aos que vagueiam sem teto.
Proteção à criança desamparada.
Auxílio ao ancião em desvalimento.
Socorro às viúvas.
Refúgio aos indigentes.
Consolo aos tristes.
Esperança aos que choram.
Entretanto, é preciso estender a bondade igualmente noutros setores:
Compreensão em família.
Trabalho sem queixa.
Cooperação sem atrito.

Pagamento sem choro.

Atenção a quem fale, ainda mesmo sem qualquer propósito edificante.

Respeito aos problemas dos outros.

Serenidade nas horas difíceis.

Silêncio às provocações.

Tolerância para com as ideias alheias.

Gentileza na rua.

A beneficência pode efetuar prodígios, levantando a generosidade e conquistando a gratidão; contudo, em nome da caridade, toda beneficência, para completar-se, não pode viver sem a paciência.

95

Aprendendo

Tornai-vos, pois, praticantes da palavra e não somente ouvintes, enganando-vos a vós mesmos.
(*Tiago*, 1:22.)

Cada vez que as circunstâncias te induzam a ouvir as verdades do Evangelho, não admitas que o acaso esteja presidindo a semelhantes eventos. Forças ocultas estarão acionando a oportunidade, a fim de que te informes quanto ao teu próprio caminho.

Não te faças, pois, desatento, porquanto, a breve espaço, serás naturalmente chamado pela vida para testemunhar.

Observa a escola e as disciplinas com que se formam determinados profissionais.

Acadêmicos de Medicina ouvem lições para curar os doentes ou auxiliá-los; estudantes de Engenharia escutam ensinamentos para que os apliquem à técnica das construções no plano terrestre; contabilistas gastam tempo, de modo a garantirem a sustentação do comércio, na arte de fazer contas; tecelões assimilam princípios, em torno de certas máquinas, para atenderem, oportunamente, à indústria do fio...

Qualquer estudo nobre é aquisição inapreciável, mas se mora estanque, na alma de quem aprende, assemelha-se a pão escondido aos que choram de fome.

Ouvir, sim, os preceitos da Espiritualidade Superior, mas agir, segundo nos orientam, porque, se sabemos e não fazemos o que o bem nos ensina, melhor fora não saber, para não sermos tributados, com taxas de maior sofrimento, nas grades da culpa.

96
Nas palavras

*Irmãos, não vos queixeis uns dos outros,
para não serdes julgados. [...]*
(*Tiago*, 5:9.)

Mergulhar o divino dom da palavra no vaso lodoso da queixa é o mesmo que inflamar preciosa lâmpada no conteúdo da lata de lixo.

Não transformes a própria frase em lama sobre chagas abertas.

Podes mobilizar a maravilha do verbo, para reajustar o bem, sem necessidade de estender o mal.

Ergue a esperança, ao pé dos que desfaleceram na luta. Exalta a excelência do amor, perante aqueles que o ódio intoxica. Louva as perspectivas da fé, ao lado dos que choram no desencanto. Aponta as qualidades nobres do amigo que caiu em desvalimento. Destaca as possibilidades de auxiliar onde os outros somente encontram motivos para censura. Desdobra o trabalho restaurador onde o pessimismo condena. Procura o lado melhor das situações para que o melhor seja feito. E, quando os obstáculos morais se agigantem, como se a maldade estivesse a ponto de triunfar em definitivo, se não podes algo dizer em louvor da bondade, cala-te e ora.

Pensa no bem, quando não puderes falar nele.

A semente muda renova a terra.

A gota silenciosa de sedativo asserena o corpo martirizado.

Nunca te queixes dos outros, mesmo porque, em nos queixando de alguém, é preciso consultar o próprio íntimo para saber se em lugar desse alguém não estaríamos fazendo isso ou aquilo de maneira pior.

97

Pai e amigo

E, levantando-se, foi para seu pai; e, quando ainda estava longe, o pai chegou a vê-lo, moveu-se de íntima compaixão e, correndo, lançou-se-lhe ao pescoço e o beijou.
Jesus (*Lucas*, 15:20.)

É possível que essa ou aquela falta te sombreie o coração, impelindo-te ao desânimo.

Anseias respirar a fé pura, entregar-te aos misteres do bem, contudo, trazes remorso e tristeza.

Dissipaste as forças da vida, extraviaste votos santificantes, erraste, caíste na negação, qual viajor que perdesse a luz...

Entretanto, recorda a Providência Divina e reergue-te.

O amor de Deus nunca falta.

Para toda ferida haverá remédio adequado. Para todo desequilíbrio aparecerá reajuste.

Fixa-te no ensinamento do Cristo, enunciando o retorno do filho pródigo.

O reencontro não se deu em casa, com remoques e humilhações para o moço em desvalimento.

Assinalando-o, no caminho de volta "e, quando ainda estava longe, o pai, ao vê-lo, moveu-se de íntima compaixão e, correndo, lançou-se-lhe ao pescoço e o beijou."

O pai não esperou que o filho se penitenciasse a rojo, não exigiu escusas, não solicitou justificativas e nem impôs condições de qualquer natureza para estender-lhe os braços; apenas aguardou que o filho se levantasse e lhe desejasse o calor do coração.

98
Filho e censor

Mas, respondendo ele, disse ao pai: "eis que te sirvo, há tantos anos, sem nunca transgredir o teu mandamento, e nunca me deste um cabrito para alegrar-me com meus amigos" [...].
Jesus (*Lucas*, 15:29.)

Na parábola do filho pródigo, não encontramos somente o irmão que volta experiente e arrependido ao convívio do lar.

Nela, surge também o irmão correto, mas egoísta, remoendo censura e reclamação.

Ele observa a alegria paternal, abraçando o irmão recuperado; entretanto, reprova e confronta. Procede como quem lastima o dever cumprido, age à feição de um homem que desestima a própria nobreza.

É fiel aos serviços do pai; contudo, critica-lhe os gestos. Trabalha com ele; no entanto, anseia escravizá-lo aos próprios caprichos.

Atende-lhe aos interesses, vigiando-lhe o pão e a prata.

Guarda lealdade, mergulhando-se na ideia de evidência e de herança.

Se o coração paterno demonstra grandeza de sentimento, explode em ciúme e queixa. Se perdoa e auxilia, interpõe o merecimento de que se julga detentor, tentando limitar-lhe a bondade.

Perde-se num misto de crueldade e carinho, sombra e luz.

É justo e injusto, terno e agressivo, companheiro e censor.

Deseja o pai somente para si, a fazenda e o direito, o equilíbrio e a tranquilidade somente para si.

No caminho da fé, analisa igualmente a tua atitude.

Se te sentes ligado à Esfera Superior por teus atos e diretrizes, palavras e pensamentos, não te encarceres na vaidade de ser bom. Não te esqueças, em circunstância alguma, de que Deus é Pai de todos, e, se te ajudou para estares com Ele, é para que estejas com Ele, ajudando aos outros.

99
Reclamações

*Portanto, aquele que sabe que deve fazer o
bem e não o faz, nisso está pecando.*
(*Tiago*, 4:17.)

    Censuras com grande alarde os que se oneraram, nos delitos do furto; entretanto, se acumulas, inutilmente, os recursos necessários ao sustento do próximo, não podes alegar inocência.

    Acusas os que desceram à criminalidade, mas, se nada realizas pela extinção da delinquência, não te cabe o direito de reprovar.

    Apontas o egoísmo dos governantes; no entanto, se te afervoras no egoísmo dos dirigidos, deitas apenas conversa vã.

    Criticas todos aqueles que instruem os seus irmãos de maneira deficiente; contudo, se dispões de competência e foges ao plantio da educação, não estarás tranquilo contigo mesmo.

    Clamas contra aqueles companheiros que categorizas por rebeldes e viciados, quando lhes anotas a presença no trabalho de socorro aos semelhantes; todavia, se te sentes virtuoso e não levantas sequer uma palha em favor dos que sofrem, as sentenças que te saem da boca não passarão de injustiça.

Entra no serviço de alma e coração, para que possas comentá-lo.

Ninguém pode exigir dos outros o que não dá de si mesmo.

Quem sabe o que deve fazer, e não faz, deserta dos deveres que lhe competem, caindo em omissão lamentável, e, se intenta atrapalhar quem procura fazer, certamente responderá com dobradas obrigações pelo que não fizer.

100
Queixumes

*Irmãos, não vos queixeis uns dos outros,
para que não sejais reprovados.*
(*Tiago*, 5:9.)

Cada vez que nossos lábios cedem ao impulso da queixa, quase sempre estamos simplesmente julgando a vida que nos é própria.

Observa, assim, a ti mesmo e deixa que a consciência te vigie a palavra.

Se viste uma pessoa em falta contra outra, não lhe exageres a culpa, recordando quantas vezes terás faltado igualmente contra o próximo. E assim como agradeceste a quantos te desculparam os senões da conduta, confiando em que te melhorarias com o tempo, ampara também o irmão caído em erro, através de teu otimismo fraternal, para que se levante e te bendiga.

Se um companheiro te ofendeu, não te confies a reações descabidas, refletindo nas ocasiões em que terás igualmente ferido os semelhantes. E assim como te rejubilaste, diante de todos os que te esqueceram os golpes, na certeza de que saberias reconsiderar a própria atitude, auxilia também o amigo que se fez instrumento de tua dor, através do olvido de todo mal, a fim de que ele se restaure e te abençoe a grandeza de espírito.

Em toda conversação, na qual sejamos induzidos a examinar o comportamento do próximo submetido à censura alheia, vasculhemos o íntimo, concluindo se não teríamos praticado incorreções iguais ou maiores no lugar dele. E, em todas as circunstâncias, não nos esqueçamos de que, em nos queixando de alguém, estaremos intimando, automaticamente, a nós mesmos a viver em nível mais alto e a fazer coisa melhor.

101
De acordo

O qual recompensará a cada um, segundo as suas obras.
Paulo (*Romanos*, 2:6.)

A vida, exprimindo os desígnios do Criador, assumirá para contigo atitudes adequadas às atitudes que assumes para com ela.

Honra aos títulos que procuras honrar.
Tratamento correto à conduta correta.
Dignidade ao que dignificas.
Experiência na pauta de tua escolha.
Instrução no nível em que te colocas.
Confiança no grau de tua fé.
Distinção naquilo em que te distingues.
Respeito em tudo o que te faças respeitável.
Versão disso ou daquilo, conforme os teus desejos.
Clareza ao que alimpes.

Isso significa, igualmente, que seja qual for a posição em que te situes, tens a resposta da Vida na vida que procuras.

É assim que dor ou alegria, paz ou inquietação, merecimento ou desvalia, sombra ou luz, em nosso caminho, será sempre salário moral, de acordo com as nossas próprias obras.

102
Nas contas

De maneira que cada um de nós dará conta de si mesmo a Deus.
Paulo (*Romanos*, 14:12.)

Benfeitores garantem.
Instrutores educam.
Pastores guiam.
Amigos amparam.
Companheiros alentam.
Adversários avisam.
Relações ajudam.
Preces iluminam.
Lições preparam.
Dificuldades adestram.
Provas definem.
Dores corrigem.
Lutas renovam.
Problemas propõem.
Soluções indicam.

Atitudes revelam.

Lágrimas purificam.

Experiências marcam.

Entretanto, segundo a palavra do Apóstolo Paulo, todas as criaturas e todas as situações, todas as circunstâncias e todas as coisas foram dispostas, nas contas da Lei, "de maneira que cada um de nós dará conta de si mesmo a Deus."

103
Produzimos

Permanecei em mim e eu permanecerei em vós. Como não pode o ramo produzir fruto de si mesmo, se não permanecer na videira, assim nem vós o podeis dar, se não permanecerdes em mim.
Jesus (*João*, 15:4.)

Produzimos.

Tudo o que é alguma coisa produz algo.

Elementos considerados desprezíveis estão fazendo isso ou aquilo.

Pedras produzem aspereza.

Espinhos produzem lacerações.

Lama produz sujidade.

Martelo produz golpes.

Entretanto, se produzimos para o bem, esses mesmos recursos, em nossas mãos, veem-se promovidos a instrumentos valiosos, porquanto, pedras ajudam nas construções, espinhos de natureza técnica podem colaborar no serviço cirúrgico, lama devidamente tratada é terra de sementeira, e martelo controlado é auxiliar prestimoso.

Cada criatura, desse modo, produz conforme os agentes em que se inspira.

Os seres mais lastimáveis, ainda que não queiram, estão produzindo sempre.

O delinquente produz o desequilíbrio.

O viciado produz o desregramento.

O preguiçoso produz a miséria.

O pessimista produz o desânimo.

Onde estiveres, estás produzindo, de acordo com as influências a que te afeiçoas, e atuando mecanicamente sobre todos aqueles que se afeiçoam ao teu modo de ser.

Todos produzimos, inevitavelmente.

Aprendizes do Evangelho, na escola espírita-cristã, recordemos, pois, a lição do Cristo:

"Permanecerei convosco se permanecerdes em mim."

104
Existimos

Vim para que tenhais vida e vida em abundância.
Jesus (*João*, 10:10.)

Existimos.
Existem todas as criaturas saídas do Hálito Criador.
A pedra existe, a planta existe, o animal existe...
Existem almas nos passos diversos da evolução.
Em sentido espiritual, no entanto, viver é algo diferente de existir.
A vida é a experiência digna da imortalidade.
Há muita gente que se esfalfa, perdendo saúde e possibilidades em movimento vazio, quando não se mergulha nas tramas do mal, entretecendo reencarnações dolorosas.
Há muita gente que destrói o próprio cérebro, escrevendo sem proveito, quando não expressa o pensamento para inspirar negação e crueldade, entrando em sofrimentos reparadores.
Há muita gente que aniquila as horas, falando a esmo, quando não se utiliza do verbo para ferir e

enlouquecer os semelhantes, adquirindo débitos escabrosos.

Há muita gente que pede essa ou aquela concessão para frustrá-la em atividades sem sentido, quando não a maneja em prejuízo dos outros, criando lágrimas que empregará longo tempo para enxugar.

Todos esses agentes da inutilidade e da delinquência existem como todos nós existimos.

Observa, assim, o que fazes.

O berço confere a existência, mas a vida é obra nossa.

105
Estejamos atentos

[...] Se o Senhor quiser, e se vivermos, faremos isto ou aquilo.
(*Tiago*, 4:15.)

Age para o bem, sabendo que apenas o bem guarda força bastante para o sustento da paz.

Além disso, se o conhecimento superior já te clareia o espírito, não desconheces que todas as nossas realizações estão subordinadas à Divina Supervisão.

A criatura humana dispõe de livre-arbítrio para criar o destino, porém, cada individualidade, nesse ou naquele plano de existência, atua num campo determinado de tempo.

Tiranos e santos, malfeitores e heróis atingem sempre um limite da estrada em que o Mundo Maior lhes impõe a pausa de exame.

Todas as grandes figuras de ontem e todas as grandes personalidades, na Terra de hoje, conheceram e conhecerão o momento em que a vida lhes adverte: "não mais além."

Forma, pois, os teus planos de ação, usa a inteligência, maneja a autoridade, cunha as palavras, mobiliza as relações, aproveita os laços afetivos, aplica o dinheiro, desenvolve o trabalho e assinala a tua presença, onde estiveres, atendendo ao bem para o bem de todos, porquanto, creiamos ou não, aceitemos a verdade ou recusemo-la, seja errando para aprender ou acertando para elevar, a nossa tarefa chegará simplesmente até o ponto que o Senhor permitir.

106
Confiemos servindo

*Assim também a fé, se não tiver obras,
está morta em si mesma.*
(*Tiago*, 2:17.)

Asseguras o mérito da semente, valorizando-lhe as qualidades, mas, se alguém foge de plantá-la, todo o teu esforço verbal terá sido vão.

Gabas-te de possuir primorosos talentos artísticos; no entanto, se não trabalhas por expressá-los, descerás fatalmente ao ridículo diante dos que te ouvem.

Esboças valioso projeto para o levantamento de largo edifício; entretanto, se não promoves a construção, os teus planos, por mais belos, estarão relegados ao mofo.

Confias plenamente no credor que te emprestou recursos determinados; todavia, se não pagas a dívida, serás levado à insolvência.

Apregoas as vantagens de certa máquina, mas, se ninguém lhe experimenta os mecanismos na atividade, o engenho, por mais precioso, acabará esquecido por traste inútil.

Assim também nos assuntos da alma. Em verdade, reverenciamos a Providência Divina, depositamos em Cristo a nossa esperança, admiramos a virtude e acreditamos na força do bem; contudo, se nada realizamos, na esfera das boas obras, a nossa fé pode ser vigorosa e resplendente, mas não adianta.

107
Compaixão em família

Mas se alguém não tem cuidado dos seus e, principalmente, dos da sua família, negou a fé. [...]
Paulo (*I Timóteo*, 5:8.)

São muitos assim.

Descarregam primorosa mensagem nas assembleias, exortando o povo à compaixão; bordam conceitos e citações, a fim de que a brandura seja lembrada; entretanto, no instituto doméstico, são carrascos de sorriso na boca.

Traçam páginas de subido valor, em honra da virtude, comovendo multidões; mas não gravam a mínima gentileza nos corações que os cercam entre as paredes familiares.

Promovem subscrições de auxílio público, em socorro das vítimas de calamidades ocorridas em outros continentes, transformando-se em titulares da grande benemerência; contudo, negam simples olhar de carinho ao servidor que lhes põe a mesa.

Incitam a comunidade aos rasgos de heroísmo econômico, no levantamento de albergues e hospitais, disputando créditos publicitários em torno do próprio nome; entretanto, não hesitam exportar, no rumo do asilo, o avô menos feliz que a provação expõe à caducidade.

Não seremos nós quem lhes vá censurar semelhante procedimento.

Toda migalha de amor está registrada na Lei, em favor de quem a emite.

Mais vale fazer bem aos que vivem longe, que não fazer bem algum.

Ajudemos, sim, ajudemos aos outros, quanto nos seja possível; entretanto, sejamos igualmente bons para com aqueles que respiram em nosso hálito. Devedores de muitos séculos, temos em casa, no trabalho, no caminho, no ideal ou na parentela, as nossas principais testemunhas de quitação.

108
Paz em casa

*E em qualquer casa onde entrardes, dizei
antes: "paz seja nesta casa."*
Jesus (*Lucas*, 10:5.)

Compras na Terra o pão e a vestimenta, o calçado e o remédio, menos a paz.

Dar-te-á o dinheiro residência e conforto, com exceção da tranquilidade de espírito.

Eis por que nos recomenda Jesus venhamos a dizer, antes de tudo, ao entrarmos numa casa: "paz seja nesta casa."

A lição exprime vigoroso apelo à tolerância e ao entendimento.

No limiar do ninho doméstico, unge-te de compreensão e de paciência, a fim de que não penetres o clima dos teus, à feição de inimigo familiar.

Se alguém está fora do caminho desejável ou se te desgostam arranjos caseiros, mobiliza a bondade e a cooperação para que o mal se reduza.

Se problemas te preocupam ou apontamentos te humilham, cala os próprios aborrecimentos, limitando as inquietações.

Recebe a refeição por bênção divina.

Usa portas e janelas, sem estrondos brutais.

Não movas objetos, de arranco.

Foge à gritaria inconveniente.

Atende ao culto da gentileza.

Há quem diga que o lar é o ponto do desabafo, o lugar em que a pessoa se desoprime. Reconhecemos que sim; entretanto, isso não é razão para que ele se torne em praça onde a criatura se animalize.

Pacifiquemos nossa área individual para que a área dos outros se pacifique.

Todos anelamos a paz do mundo; no entanto, é imperioso não esquecer que a paz do mundo parte de nós.

109
Na esfera da língua

Quem quer amar a vida e ver os dias felizes,
refreie a sua língua do mal [...].
Pedro (*I Pedro*, 3:10.)

Reflete no bem que esperas na palavra dos outros, para que a tua palavra não se converta em agente do mal.

Necessitando desse ou daquele concurso, agradeces ao companheiro que te endossa as solicitações com apontamentos de simpatia.

No instante do erro, quando muitos te malsinam a invigilância, assinalas, feliz, a frase de entendimento do irmão que te justifica ou desculpa.

De espírito desarvorado, ante as provas que chegam em monte, na luta de cada dia, consideras por recurso do Céu a indicação generosa daqueles que te induzem à paciência.

De coração obrigado a atitudes constrangedoras, observas que a ansiedade se te alivia, perante a referência confortadora dos que te ofertam apoio e compreensão.

Entre dificuldades amargas, diante da queixa ou da desesperação que te escapam da boca, bendizes o amparo de quantos te acalmam, usando notas de tolerância.

Sempre que estiveres a ponto de complicar os problemas ou azedar o ânimo de alguém, através da palavra, lembra o auxílio verbal de que precisas, por intermédio dos semelhantes.

Se aspiramos a desfrutar os tesouros da vida e do tempo, apliquemos a regra áurea, na esfera de nossa língua.

Insuflemos nos ouvidos alheios a tranquilidade que ambicionamos e falemos dos outros aquilo que desejamos que os outros falem de nós.

110
No campo do afeto

[...] Tudo o que o homem semear, isso também ceifará.
Paulo (*Gálatas*, 6:7.)

Quase sempre, anelamos trato diverso e melhor, por parte daqueles que nos rodeiam.

Ansiamos pela afeição que nos compreenda os intentos mais íntimos; que se mantenha invariável, sejam quais sejam as circunstâncias; que nos escute sem reclamar, nos momentos mais duros; que nos releve todas as faltas; que não nos exija tributações de carinho; que não nos peça impostos de gratidão; que nos encoraje e sustente nos dias tristes e nos partilhe o contentamento nas horas de céu azul...

Suspiramos pelo entendimento integral e pela amizade perfeita; entretanto, se rogamos afetos marcados por semelhantes valores, é indispensável comecemos a ser para os outros esse amigo ideal.

Se desejamos recolher amor e paciência, nas manifestações do próximo, saibamos distribuí-los com todos aqueles que nos partilham a marcha.

Bondade forma bondade.

Abnegação gera abnegação.

A palavra do Apóstolo Paulo é clara e franca nesse sentido:

"Tudo o que o homem semear, isso também ceifará."

111
Perante os inimigos

Reconcilia-te sem demora com o teu adversário [...].
Jesus (*Mateus*, 5:25.)

Diante dos inimigos, preservemos a própria serenidade.

Reconciliar-se alguém com os adversários, nos preceitos do Cristo, é reconhecer-lhes, acima de tudo, o direito de opinião.

Exigir a estima ou o entendimento dos outros e preocuparmo-nos em demasia com os apontamentos depreciativos que se façam em torno de nós, será perder tempo valioso, quando nos constitui sadio dever garantir a nós próprios tranquilidade de consciência.

Harmonizar-nos com todos aqueles que nos perseguem ou caluniam será, pois, anotar-lhes as qualidades nobres e desejar sinceramente que triunfem nas tarefas em cuja execução nos reprovam, aprendendo a aproveitar-lhes as advertências e as críticas naquilo que mostrem de útil e construtivo, prosseguindo ativamente no caminho e no trabalho em que a vida nos situou.

Renunciemos, assim, à presunção de viver sem adversários que, em verdade, funcionam sempre por fiscais e examinadores de nossos atos, mas saibamos continuar em serviço, aproveitando-lhes o concurso sob a paz em nós mesmos.

Nem o próprio Cristo escapou de semelhantes percalços.

Ninguém conseguiu furtar a paz do Mestre, em momento algum; entretanto, Ele, que nos exortou a amar os inimigos, nasceu, cresceu, lutou, serviu e partiu da Terra, com eles e junto deles.

112
Diante da justiça

[...] Se a vossa justiça não exceder a dos escribas e fariseus, de modo nenhum entrareis no Reino dos Céus.
Jesus (*Mateus*, 5:20.)

Escribas e fariseus assumiam atitudes na pauta da Lei Antiga.

Olho por olho, dente por dente.

Atacados, devolviam o insulto.

Perseguidos, revidavam, cruéis.

Com Jesus, porém, a justiça fez-se a virtude de conferir a cada qual o que lhe compete, segundo a melhor consciência.

Ele mesmo começou por aplicá-la a si próprio.

Enredado nas trevas pela imprudência de Judas, não endossa condenação ou desforço.

Abençoa-o e segue adiante, na certeza de que o amigo inconstante já carregava, consigo mesmo, infortúnio suficiente para chorar.

Ainda assim, porque o Mestre nos haja ensinado o amor sem lindes, isso não significa que os discípulos do

Evangelho devam caminhar sem justiça, na esfera das próprias lutas.

Apenas é forçoso considerar que, no padrão de Jesus, a justiça não agrava os problemas do devedor, reconhecendo-lhe, ao invés disso, as necessidades que o recomendam à compaixão, sem furtar-lhe as possibilidades de reajuste.

Se ofensas, pois, caírem-te na alma, compadece-te do agressor e prossegue à frente, dando ao mundo e à vida o melhor que possas.

Aos que tombam na estrada, basta o ferimento da queda; e aos que fazem o mal, chega o fogo do remorso a comburir-lhes o coração.

113
Agradeçamos sempre

Dando sempre graças a Deus por tudo, em nome de Nosso Senhor Jesus Cristo [...].
PAULO (*Efésios*, 5:20.)

Muita gente pergunta como se pode render graças a Deus pelas dores que sacodem a vida; entretanto, basta leve reflexão para que venhamos a reconhecer a função renovadora do sofrimento.

Atravessaste longo período de enfermidade, da qual te refazes, dificilmente, e, se ouvires a própria consciência, perceberás que a moléstia física foi socorro valioso para que te não arrojasses a tremendas lutas de espírito.

Foste surripiado na vantagem financeira que te colocava em destaque no trabalho que te assegura a subsistência, e, se meditas severamente no assunto, observarás que a suposta humilhação te livrou de compromissos perigosos e arrasadores.

Perdeste recursos materiais que apenas te acrescentariam o reconforto desnecessário, no carro da própria existência, e, se te deres ao exame desapaixonado da própria situação, verificarás que alijaste o peso dourado de enfeites suntuosos que te fariam, provavelmente, a vítima de criminosos assaltos.

Amargaste a deserção do amigo em cujo afeto depositavas a maior esperança, e, se estudares a ocorrência, com plena isenção de ânimo, concluirás que o tempo te libertou de um laço impróprio, que se transfiguraria, talvez, de futuro, em pesado grilhão.

Não te confies às aparências.

Louva o céu azul que te imprime euforia ao pensamento, mas agradece, também, a nuvem que te garante a chuva, mensageira do pão.

Mesmo que não entendas, de pronto, os desígnios da Providência Divina, recebe a provação como sendo o melhor que merecemos hoje, em favor do amanhã, e, ainda que lágrimas dolorosas te lavem a alma toda, rende graças a Deus.

114
Fraternalmente amigos

Finalmente sede todos de igual sentimento, compassivos, amando os irmãos, entranhavelmente misericordiosos e afáveis.
Pedro (*I Pedro*, 3:8.)

Que a experiência te conferiu degrau diverso na interpretação da vida, pode não haver qualquer dúvida.

Amadureceste o raciocínio e percebes determinados aspectos da realidade que as circunstantes ainda não conseguem assinalar.

Estudaste, conquistando títulos de que, por enquanto, muita gente não dispõe.

Ouviste a ciência e alcançaste visões renovadoras, presentemente defesas a quantos não senhorearam oportunidades iguais às tuas.

Viajaste anotando problemas que muitos dos melhores amigos estão distantes de conhecer.

Sofreste, aprendendo lições, por agora inapreensíveis pelos companheiros acomodados a inocentes enganos da retaguarda.

Trabalhaste e adquiriste habilitações que os próprios familiares gastarão muito tempo para atingir.

Decerto que a tua posição é inconfundível, tanto quanto o lugar do próximo é caracteristicamente individual; entretanto, seja qual seja a condição em que te encontres, podes estender os braços, unindo-te aos semelhantes, através da compreensão e do auxílio mútuo.

O apóstolo não nos diz: "sede todos da mesma altura", mas sim: "sede todos fraternalmente unidos". Não nos exige, pois, o Evangelho venhamos a ser censores ou escravos uns dos outros, e, sim, nos exorta a que sejamos irmãos.

115
Com firmeza

Portanto, meus amados irmãos, sede firmes, inabaláveis e sempre abundantes na obra do Senhor, sabendo que, no Senhor, o vosso trabalho não é em vão.
PAULO (*I Coríntios*, 15:58.)

Nos dias de aflição e desencanto, o trabalho no bem é semelhante à marcha do viajor, sob tempestade alternada em fogo e gelo.

Conheces, possivelmente, dias assim...

Desilusões alcançaram-te a alma, à feição de granizo arrasador.

Calúnias espancaram-te o sentimento, como brasas chamejantes.

Perseguições gratuitas apareceram, quais torrentes de enxurro grosso, dificultando-te os movimentos.

Crises morais repontaram da estrada, à guisa de labaredas, incendiando-te o refúgio.

É como se todas as circunstâncias te induzissem ao entorpecimento e ao desânimo.

Às vezes, quase só perguntas pelas esperanças, pelas promessas, pelos sonhos, pelos amigos...

Ainda assim, persevera no serviço e prossegue adiante.

Os companheiros que exterminaram intentos nobres e votos edificantes, tanto quanto os que desprezaram projetos superiores e abandonaram as boas obras, voltarão, mais tarde, ao labor reconstrutivo, retomando o serviço que a vida lhes assinala, no ponto justo em que praticaram a deserção.

Ninguém se eleva sem atender às imposições da subida. À face disso, todo esforço no bem, por mínimo que seja, redundará, invariavelmente, a favor de quem o realiza, porque toda ação, pela felicidade geral, é concurso na Obra Divina.

Desse modo, mesmo que todos os acontecimentos exteriores conspirem contra nós, permaneçamos fiéis ao trabalho do Senhor, estendendo o bem a todos os que nos cercam, na certeza de que o trabalho, em nome do Senhor, não é em vão.

116
Na execução do melhor

Consideremo-nos uns aos outros para nos estimularmos à caridade e às boas obras.
Paulo (*Hebreus*, 10:24.)

Desertaram companheiros dos quais contávamos receber apoio e incentivo para a realização do serviço que nos compete.

Determinados amigos tomaram destaque nos interesses do mundo e empreendem grandes negócios materiais.

Outros granjearam influência política e como que se afastam da senda que palmilhamos.

Outros ainda adquiriram prolongados compromissos de natureza familiar e jazem aparentemente agrilhoados às paredes domésticas.

Surgem os que receberam encargos públicos e distanciaram-se transitoriamente de nós.

Vemos os que conquistaram títulos profissionais, depois de aturados estudos, figurando-se-nos arremessados a vínculos outros, compelidos a centralizar atenções e energias, em assuntos que nos escapam.

Assinalamos os que sofreram pequeninos desenganos, bandeando-se para novas esferas de atividade.

Aparecem os que se dizem necessitados de mais dinheiro e despedem-se no rumo de aquisições que não mais se coadunam com o nosso modo de pensar e de ser.

Abraçamos, sensibilizados, os que se afirmam tangidos por imposições particulares, largando-nos o convívio por se transferirem de residência.

Em muitas ocasiões, somos naturalmente induzidos a lastimar essa ou aquela modificação, premidos por nossa fraqueza humana; entretanto, para todos os casos de semelhante expressão, a palavra do Apóstolo Paulo é uma advertência ao otimismo e à serenidade.

Seja qual for a posição a que nossos companheiros sejam chamados, consideremo-nos uns aos outros por irmãos necessitados de apoio recíproco e saibamos estimulá-los à caridade e às boas obras, sustentando-lhes o ânimo no trabalho e auxiliando, quanto nos seja possível, a cada um deles na execução do melhor.

117
Espera por Deus

Mas o Pai que está em mim é quem faz as obras.
Jesus (*João*, 14:10.)

    Saibamos buscar o Pensamento Divino, atuante em todas as formas da vida, trabalhando na construção do bem, mesmo que os quadros da luta humana se nos mostrem tisnados pela sombra do mal.

    Observa a planta frágil, muita vez desfigurada pelo bote de insetos daninhos, ao surgir da semente. Parece uma excrescência no barro de que se envolve; entretanto, encerra consigo as potencialidades que a transformarão em árvore vigorosa.

    Fita a criança recém-nata, em muitas circunstâncias tocada por enfermidade inquietante. Vagindo nos braços maternos, mais se assemelha a pobre farrapo humano, guardado pela morte; todavia, traz na própria formação orgânica, aparentemente comprometida, a força que a transfigurará, talvez, num condutor de milhões de pessoas.

Não julgues o sofrimento por mal.

A tempestade carreia a higiene da atmosfera.

A doença do corpo é renovação do espírito.

Em todos os sucessos desagradáveis e em todas as condições adversas da existência, acalma-te e aguarda a intervenção da Infinita Bondade.

Disse Jesus: "mas o Pai que está em mim é quem faz as obras."

O Criador está igualmente na Criação.

Diante do nevoeiro não condenes as trevas.

Acende a luz do serviço e espera por Deus.

118
Ante a palavra do Cristo

[...] As palavras que eu vos disse, são espírito e vida.
JESUS (*João*, 6:63.)

Em todos os tempos surgem no mundo grandes Espíritos que manejam a palavra, impressionando multidões; entretanto, falam em âmbito circunscrito, ainda quando se façam ouvidos em vários continentes.

Dante define uma época.

Camões exalta uma raça.

Shakespeare configura as experiências de um povo.

Voltaire exprime determinada transformação social.

A palavra de Jesus, no entanto, transcende lavores artísticos, joias literárias, plataformas políticas, postulados filosóficos, fórmulas estanques. Dirige-se a todas as criaturas da Terra, com absoluta oportunidade, estejam elas nesse ou naquele campo de evolução.

É por isso que a Doutrina Espírita a reflete, não por mera reforma dos conceitos superficiais do movimento religioso, à maneira de quem desmontasse antigo prédio para dar disposição diferente aos materiais que o integram, em novo edifício destinado a simples efeitos exteriores.

Os ensinamentos do Mestre, nos princípios espíritas-cristãos, constituem sistema renovador, indicação de caminho, roteiro de ação, diretriz no aperfeiçoamento de cada ser.

Quando os manuseies, não te julgues, assim, apenas como quem se vê à frente de um espetáculo de beleza, junto do qual devas tão somente chorar, seja nutrindo a fonte da própria emotividade ou penitenciando-te, quanto aos próprios erros.

Além das lágrimas, aprendamos igualmente a pensar, a purificar-nos, a reerguer-nos e servir.

A necessidade da alma é semelhante à sede ou à fome, ao desajuste moral ou à moléstia, que são iguais em qualquer clima.

A lição do Cristo é também comparável à fonte e ao pão, ao fator equilibrante e ao medicamento, que são fundamentalmente os mesmos, em toda parte.

No trato, pois, de nós ou dos outros, é forçoso não olvidar que o próprio Senhor nos avisou de que as suas palavras são espírito e vida.

119
Nos problemas da posse

Porque nada trouxemos para este mundo e manifesto é que nada podemos levar dele.
PAULO (*I Timóteo*, 6:7.)

Não encarceres o próprio espírito no apego aos patrimônios transitórios do plano material que, muitas vezes, não passam de sombra coagulada em torno do coração.

Observa o infortúnio de quantos se agrilhoaram à paixão da posse, nos territórios do sentimento.

Muitos não se contentaram com a própria ruína, convertendo os semelhantes em vítimas dos desvarios a que se confiaram, insanos.

Supunham-se donos das criaturas que amavam e, ante os primeiros sinais de emancipação a que se mostraram dispostas, não vacilaram em abatê-las sob golpe homicida.

Julgavam-se proprietários absolutos de bens passageiros e transformaram as lágrimas dos órfãos e das viúvas em cadeias da fome e vínculos da morte.

Presumiam-se mandantes exclusivos da autoridade e fortaleceram o império da violência.

Superestimavam os próprios recursos e, enceguecidos na megalomania do poder transviado, agravaram, junto de si, os perigos da ignorância e os processos da crueldade.

Todos eles, porém, dominados pelo orgulho, despertaram, desorientados e infelizes, nas trevas que amontoaram em si mesmos, com imenso trabalho a fazer para a própria libertação.

Usa as possibilidades da vida, sem a presunção de te assenhoreares daquilo que Deus te empresta.

Nessa ou naquela vantagem efêmera, que te felicite o caminho entre os homens, recorda, com o Apóstolo Paulo, que os espíritos reencarnados não trazem consigo quaisquer propriedades materiais para este mundo e manifesto é que nenhuma delas poderão levar dele.

120
Nos domínios do bem

Mas nada quis fazer sem o teu parecer, para que o teu benefício não fosse como por obrigação, mas espontâneo.
Paulo (*Filêmon*, 1:14.)

É das Leis evolutivas que todos os agentes inferiores da Natureza sirvam em regime de compulsória.

Pedras são arrancadas ao berço multimilenário para que obedeçam nas construções.

Tombam vegetais, a duros lances de força, para se fazerem mais úteis.

Animais sofrem imposições e pancadas, a fim de se entregarem à prestação de serviço.

Alcançando, no entanto, a razão, por atestado de maturidade própria, o Espírito é chamado ao livre-arbítrio, por filho do Criador que atingiu a maioridade na Criação. Chegado a essa fase, ilumina-se pela chama interior do discernimento, para a aquisição das experiências que lhe cabe realizar, de modo a erguer seus méritos, podendo, em verdade, escolher o caminho reto ou sinuoso, claro ou escuro, em que mais se apraza.

Reflete, pois, na liberdade íntima e pessoal de que dispões para fazer o bem, amplamente, ilimitadamente, constantemente...

Escrevendo a Filêmon, disse Paulo: "mas nada quis fazer sem o teu parecer, para que o teu benefício não fosse como por obrigação, mas espontâneo."

Assim, também, o Divino Mestre para conosco. Aqui e ali, propõe-nos, de maneira direta ou indireta, ensinamentos e atitudes, edificações e serviços, mas espera sempre por nossa resposta voluntária, de vez que a obra da verdadeira sublimação espiritual não comporta servos constrangidos.

121
Chamamento ao amor

[...] E à ciência temperança, e à temperança paciência e à paciência piedade.
Pedro (*II Pedro*, 1:6.)

Aprender sempre, instruir-nos, abrilhantar o pensamento, burilar a palavra, analisar a verdade e procurá-la são atitudes de que, efetivamente, não podemos prescindir, se aspirarmos à obtenção do conhecimento elevado; entretanto, milhões de talentosos obreiros da evolução terrestre, nos séculos que se foram, esposaram a cultura intelectual, em sentido único, e fomentaram opressões que culminaram em pavorosas guerras de extermínio.

Incapazes de controlar apetites e paixões, desvairaram-se na corrida ao poder, encharcando a terra com o sangue e o pranto de quantos lhes foram vítimas das ambições desregradas.

Toda grandeza de inteligência exige moderação e equilíbrio para não desbordar-se em devassidão e loucura.

Ainda assim, a temperança e a paciência, por si só, não chegam para enaltecer o lustre do cérebro.

A própria diplomacia, aliás sempre venerável, embora resida nos cimos da suavidade e da tolerância, pelos gestos de sobriedade e cortesia com que se manifesta, em muitos casos não é senão a arte de contemporizar com o rancor existente entre as nações, segurando, calma, o estopim do ódio e da belicosidade para a respectiva explosão, na época que julga oportuna a calamitosas conflagrações.

O apontamento do Evangelho, no entanto, é claro e preciso.

Não vale a ciência sem temperança e toda temperança pede paciência para ser proveitosa, mas para que esse trio de forças se levante no campo da alma, descerrando-lhe o suspirado acesso aos mundos superiores, é necessário que o amor esteja presente, a enobrecer-lhes o impulso, de vez que só o amor dispõe de luz bastante para clarear o presente a santificar o porvir.

122
Convite ao estudo

E vós também, pondo nisto mesmo toda a diligência, acrescentai à vossa fé a virtude e à virtude a ciência [...].
PEDRO (*II Pedro*, 1:5.)

Milhões de criaturas possuíram a fé no passado, revelando extremada confiança em Deus; mas, porque a bondade lhes desertasse dos corações, ergueram suplícios inomináveis para quantos não lhes comungassem o modo de sentir e de ser.

Diziam-se devotadas ao culto do Supremo Senhor; entretanto, alçavam fogueiras e postes de martírio, perseguindo ou exterminando pessoas sensíveis e afetuosas em seu nome.

Milhões de criaturas evidenciaram admirável bondade no pretérito, demonstrando profunda compreensão fraternal no trabalho que foram chamadas a desenvolver entre os homens; no entanto, porque a educação lhes escasseasse no espírito, caíram em terríveis enganos, favorecendo a tirania e a escravidão sobre a Terra.

Denotavam obediência a Deus, no exercício da própria generosidade, entretanto, compraziam-se na ignorância, estimulando delitos e abusos, a pretexto de submissão à Providência Divina.

Nesse sentido, porém, a palavra do Apóstolo Pedro é de notável oportunidade em todos os tempos.

Procuremos alicerçar a fé na bondade, para que a nossa fé não se converta em fanatismo, mas isso ainda não basta.

É forçoso coroar a fé e a bondade com a luz do conhecimento edificante.

Todos necessitamos esperar no Infinito Amor, todavia, será justo aprender "como"; todos devemos ser bons, contudo, é indispensável saber "para quê".

Eis a razão pela qual se nos impõe o estudo em todos os lances da vida, porquanto, confiar realizando o melhor e auxiliar na extensão do eterno bem, realmente demanda discernir.

123
No pão espiritual

Disse-lhe terceira vez: Simão, filho de Jonas, amas-me?
Simão entristeceu-se por lhe ter dito terceira vez: "amas-me?"
e disse-lhe: "Senhor, tu sabes que eu te amo."
Jesus disse-lhe: "Apascenta as minhas ovelhas."
(João, 21:17.)

Assinalando a preocupação do Divino Pastor, em se dirigindo a Simão Pedro para recomendar-lhe as ovelhas, é importante observar que o Mestre não solicita qualquer atividade maravilhosa.

Não ordena que o apóstolo lhes converta os balidos em trechos de música.

Não determina se lhes transforme o pelo em fios de ouro.

Não aconselha se transfigure o redil em palácio.

Não exige se lhes conceda regime de exceção.

Não manda se lhes dê asas.

Roga simplesmente para que o apóstolo lhes administre alimento, a fim de que vivam e produzam para o bem geral, sem fugir aos preceitos do trabalho e sem abolir os ditames da evolução.

Certo, no entanto, o Excelso Condutor não sentia necessidade de advertir o companheiro quanto ao cuidado justo de não se adicionarem agentes tóxicos aos bebedouros e à forragem normal.

Assim também, no domínio das criaturas humanas.

Trabalhadores das ideias, chamados a nutrir o pensamento da multidão, em verdade, o Cristo não espera mudeis os vossos leitores e ouvintes em modelos de heroísmo e virtude. Conta com o vosso esforço correto para que a refeição do conhecimento superior seja distribuída com todos, aguardando, porém, que a mesa de vossas atitudes se mostre asseada e que o alimento de vossas palavras esteja limpo.

124
Permaneçamos fiéis

*Além disso, requer-se nos dispenseiros
que cada um se ache fiel.*
Paulo (*I Coríntios*, 4:2.)

Num aparelho, a segurança da produção exige que cada peça funcione, no lugar próprio. Numa orquestra, para que a sinfonia alcance todo o vigor melódico, é forçoso se localize cada instrumento na função que lhe cabe.

Na obra do Evangelho, é imprescindível também que cada tarefeiro se compenetre das atribuições de que foi investido.

Dirás que o Senhor liquidará todas as necessidades, que Ele não dorme sobre as promessas feitas, que a Sua Infinita Bondade solucionará todos as problemas, que a nossa fé precisa sustentar-se, incondicional, e estarás proclamando a verdade, mas a verdade não endossa a preguiça ou a imprudência dos servos.

O comandante de um grande navio pode ser um gênio de sabedoria e bondade, mas toda a direção se compromete, de imediato, se o mais obscuro cooperador da embarcação coloca uma bomba na casa de máquinas.

Seja qual seja a nossa posição, a serviço do Mestre, é imperioso refletir que, se esperamos por Ele, é natural que Ele igualmente espere por nós.

Não obstante os erros que ainda nos assinalem o coração, sejamos sinceros em nós mesmos e estejamos decididos a cumprir o dever que esposamos, diante da consciência.

Desistamos de alegar tropeços e culpas, inibições e defeitos para a fuga das responsabilidades que nos competem.

O próprio boi, mostrando os cascos empastados de lama, para servir no arado, junto ao homem, deve ser um animal fiel.

125
No convívio do Cristo

Assim que, se alguém está em Cristo, nova criatura é: as coisas velhas já passaram; eis que tudo se fez novo.
Paulo (*II Coríntios*, 5:17.)

É comum ouvirmos a cada passo observações de companheiros desarvorados e abatidos, a fixarem emoções e pensamentos em pessimismo e azedume, qual se acalentassem espinheiros e charcos submersos neles mesmos.

Respiram e caminham, transportando consigo enorme submundo de mágoas e desilusões, deixando, onde pisem, escuro rastro de fel.

Falam de experiências dolorosas da própria vida íntima, empregando mil frases tortuosas e contundentes no apontamento que poderiam encaixar em algumas poucas palavras claras e simples.

Dramatizam desencantos.

Reconstituem doenças passadas, com a volúpia de quem lhes procura o indesejável convívio.

Queixam-se de ingratidões.

Apontam preterições e prejuízos que sofreram em épocas precedentes.

Historiam episódios tristes que a vida já relegou aos arquivos do tempo.

Fazem longas escavações em lastimáveis acontecimentos passados, como quem se compraz no clima do esgoto.

E, com isso, envenenam a vida e enceguecem a própria alma, incapazes de perceber que o Evangelho é luz e renovação nos campos do espírito.

Se antigas dores e problemas superados te voltam à imaginação, esquece-os e segue adiante...

Pensa no melhor que te espera e busca voluntariamente o trabalho a fazer.

Consoante a assertiva do apóstolo, se alguém permanece em Cristo, nova criatura é, porque, efetivamente, quando a nossa vida está em Jesus, tudo em nós e diante de nós se faz novo.

126
Na rota do Evangelho

Recebei-nos em vossos corações [...].
Paulo (*II Coríntios*, 7:2.)

É razoável a vigilância na recepção dos ensinamentos evangélicos.

Tanto quanto possível, é imperioso manejar as ferramentas do maior esforço para verificar-lhes a clareza, de modo a transmiti-las a outrem com a autenticidade precisa.

Exatidão histórica.

Citação escorreita.

Lógica natural.

Linguagem limpa.

Comentários edificantes.

Ilustrações elevadas.

Atentos à respeitabilidade do assunto, não será justo perder de vista a informação segura, a triagem gramatical, a imparcialidade do exame e a conceituação digna, a fim de que impropriedades e sofismas não venham turvar a fonte viva e pura da verdade que se derrama originariamente do Cristo para esclarecimento da Humanidade.

Ainda assim, urge não esquecer que as instruções do Divino Mestre se nos dirigem, acima de tudo, aos sentimentos, diligenciando amparar-nos a renovação interior para que nos ajustemos aos estatutos do Bem Eterno.

Eis o motivo pelo qual, em todos os serviços da educação evangélica, é importante reflitamos no apontamento feliz do Apóstolo Paulo:

"Recebei-nos em vossos corações [...]."

127
Chamamento divino

[...] Disse ao seu servo: sai depressa pelas ruas e bairros da cidade e traze aqui os pobres, os aleijados, mancos e cegos.
JESUS (*Lucas*, 14:21.)

Muita gente alega incapacidade de colaborar nos serviços do bem, sob a égide do Cristo, relacionando impedimentos morais.

Há quem se diga errado em excesso; há quem se afirme sob fardos de remorsos e culpas; há quem se declare portador de graves defeitos, e quem assevere haver sofrido lamentáveis acidentes da alma...

Entretanto, a palavra de Jesus se dirige a todos, sem qualquer exceção.

Pobres de virtude, aleijados do sentimento, coxos do raciocínio e cegos do conhecimento superior são chamados à edificação da era nova. Isso porque, em Jesus, tudo é novo para que a vida se renove.

Espíritos viciados, inibidos, desorientados e ignorantes de ontem, ao toque do Evangelho, fazem-se hoje cooperadores da Grande Causa, esquecendo ilusões, desfazendo cárceres mentais, suprimindo desequilíbrios e dissipando velhas sombras.

Se a realidade espiritual te busca, ofertando-te serviço no levantamento das boas obras, não te detenhas, apresentando deformidades e frustrações. No clima da Boa-Nova, todos nós encontramos recursos de cura e reabilitação, reerguimento e consolo. Para isso, basta sejamos sinceros, diante da nossa própria necessidade de corrigenda, com o espírito espontaneamente consagrado ao privilégio de trabalhar e servir.

128
Desculpismo

*E todos à uma começaram a escusar-se.
Disse-lhe o primeiro: comprei um campo e importa
ir vê-lo; rogo-te que me hajas por escusado.*
JESUS (*Lucas*, 14:18.)

Desculpismo sempre foi a porta de escape dos que abandonam as próprias obrigações.

Irmãos nossos que tiveram a infelicidade de escorregar na delinquência costumam justificar-se com vigoroso poder de persuasão, mas isso não lhes exonera a consciência do resgate preciso.

Companheiros que arruínam o corpo em hábitos viciosos arquitetam largo sistema de escusas, tentando legitimar as atitudes infelizes que adotam, comovendo a quem os ouve, entretanto, acabam suportando em si mesmos as consequências das responsabilidades a que se afeiçoam.

E, ainda agora, quando a Doutrina Espírita revive o Evangelho, concitando os homens à construção do bem na Terra, surgem às pencas desculpas disfarçando deserções:

— Estou muito jovem ainda...

— Sou velho demais...

— Assumi compromissos de monta e não posso atender...

— Minhas atribulações são enormes...

— Obrigações de família estão crescendo...

— Os negócios não me permitem qualquer atividade espiritual...

— Empenhei-me a débitos que me afligem...

— Os filhos tomam tempo...

— Problemas são muitos...

Tantas são as evasivas e tão veementes aparecem que os ouvintes mais argutos terminam convencidos de que se encontram à frente de grandes sofredores ou de criaturas francamente incapazes, passando até mesmo a sustentá-los na fuga. Os convidados para a lavoura da luz, no entanto, engodados por si próprios, acordam para a verdade no momento oportuno e, atados às ruinosas consequências da própria leviandade, não encontram outra providência restauradora senão a de esperarem por outras reencarnações.

129
Na fonte do bem

Então, enquanto temos tempo, façamos bem a todos [...].
Paulo (*Gálatas*, 6:10.)

Muita gente só admite auxílio eficiente, quando o dinheiro aparece.

Entretanto, há serviços que o ouro não consegue remunerar.

Há vencimentos justos para os encargos do professor; todavia, ninguém pode estabelecer pagamento aos sacrifícios com que ele abraça os misteres da escola.

Existem honorários para as atividades do médico; no entanto, pessoa alguma lograra recompensar em valores amoedados o devotamento a que se entrega o missionário da cura, no socorro aos enfermos.

Não se compra estímulo ao trabalho.

Não se vende esperança nos armazéns.

O sorriso fraternal não é matéria de negócio.

Gentileza não é artigo de mercado.

Onde a vida te situe, aí recolherás, todo dia, múltiplas ocasiões de fazer o bem.

Nem sempre movimentarás bolsa farta para mitigar a penúria alheia, mas sempre disporás da frase confortadora, da oração providencial, da referência generosa, do gesto amigo.

O Apóstolo Paulo reconhece que, às vezes, atravessamos grandes ou pequenos períodos de inibições e provações, pelo que nos recomenda: "enquanto temos tempo, façamos bem a todos"; contudo, mesmo nas circunstâncias difíceis, urge endereçar aos outros o melhor ao nosso alcance, porque segundo as leis da vida, aquilo que o homem semeia, isso mesmo colherá.

130
Na luz da verdade

E conhecereis a verdade e a verdade vos libertará.
Jesus (*João*, 8:32.)

Nenhuma espécie de amor humano pode comparar-se ao Divino Amor.

Semelhante apontamento deve ser mencionado, toda vez que nos inclinemos a violentar o pensamento alheio.

A Bondade Suprema, que é sempre a bondade invariável, deixa livres as criaturas para a aquisição do conhecimento.

A vontade do Espírito é acatada pela Providência, em todas as manifestações, incluindo aquelas em que o homem se extravia na criminalidade, esposando obscuros compromissos.

A pessoa converte, pois, a vida naquilo que deseje, sob a égide da Justiça perfeita que reina em todos os distritos do Universo, determinando seja concedido a cada um por suas obras.

Elegemos os tipos de experiência em que nos propomos estagiar, nessa ou naquela fase da evolução. Discórdia e tranquilidade, ação e preguiça, erro e corrigenda, débito e resgate são frutos de nossa escolha.

Respeitemo-nos, assim, uns aos outros.

Não intentes constranger o próximo a ler a cartilha da realidade por teus olhos, nem a interpretar os ensinamentos do cotidiano com a cabeça que te pertence.

A emancipação íntima surgirá para a consciência, à medida que a consciência se disponha a buscá-la.

Rememoremos as palavras do Cristo: "conhecereis a verdade e a verdade vos libertará." Note-se que o Mestre não designou lugar, não traçou condições, não estatuiu roteiros, nem especificou tempo. Prometeu simplesmente – "conhecereis a verdade", e, para o acesso à verdade, cada um tem o seu dia.

131
Diante do conformismo

E não vos conformeis com este mundo, mas transformai-vos pela renovação do vosso entendimento, para que experimenteis qual seja a boa, agradável e perfeita vontade de Deus.
Paulo (*Romanos*, 12:2.)

Há conformação e conformismo.

Conformismo é o sistema de ajustar-se alguém a todas as circunstâncias.

Conformação é a submissão voluntária e serena da pessoa às aperturas da vida.

Existem, por isso, diante de Jesus, os discípulos conformados e conformistas.

Os conformados são fiéis às disciplinas que o Mestre lhes aconselha.

Os conformistas, porém, adaptam-se, mecanicamente, às convenções e ilusões que lubrificam os mecanismos das conveniências humanas.

Confessam respeito ao Cristo, mas não hesitam no desacato aos ensinamentos d'Ele, quando se trate de preservar o conforto material excessivo em que se amolecem.

Dizem que Jesus é a única estrada para a regeneração do mundo; no entanto, esposam qualquer expediente da maioria em que a astúcia ou a clandestinidade lhes favoreçam o interesse individual.

Adotam exterior irrepreensível nos templos, e diretrizes inconfessáveis no intercâmbio com o próximo.

Distinguem-se na rua pela cortesia e pelas frases ponderosas, e andam, em casa, destemperados e agressivos, à maneira de furacões pensantes.

Entendamos, desse modo, o sábio apontamento do Apóstolo Paulo, aprendendo a suportar com paciência os enganos do mundo, sem nos acomodarmos com eles, certos de que é preciso manter indefectível lealdade à aplicação dos preceitos evangélicos a fim de que se nos renove o entendimento. Apenas abraçando semelhante orientação básica, ser-nos-á possível desintegrar as escamas do egoísmo cronificado em que respiramos, há séculos, para compreender os desígnios de Deus, na construção de nossa felicidade.

132
Diante da Providência

*Procura apresentar-te a Deus, aprovado como
obreiro que não tem de que se envergonhar [...].*
Paulo (*II Timóteo*, 2:15.)

Digna de registo[5] a observação do Apóstolo Paulo a Timóteo, sobre a melhor maneira de mostrar-se a Deus.

Contrariamente à inquietação de muitos religiosos do mundo que aspiram ao supremo destaque espiritual, o amigo da gentilidade, cuja fé amadurecera em ásperos testemunhos de sofrimento, não recomenda ao discípulo qualquer aquisição de atributos especiais.

Não lhe pede entretecer láureas de herói para a cabeça e nem lhe aconselha demandar o excelso encontro, alardeando certidões de santidade.

Não articula regras, a fim de que se sobreponha à presença dos outros e nem lhe traça penitências ou rituais, tendentes a bajular a Paternidade Divina.

---
[5] N.E.: Ver nota no capítulo 25.

Roga-lhe simplesmente viver de tal modo que possa comparecer, diante de Deus, na posição do trabalhador de reta consciência, honrado nas obrigações bem cumpridas.

Se queres, por tua vez, atingir a Esfera Superior, para compartilhar as alegrias dos que se identificaram com o Infinito Amor, não te percas em fantasiosa expectativa de imunidade perante a Lei.

Atende, cada dia, aos deveres que a vida te prescreveu, leal ao serviço e à paciência, e estejamos convencidos de que a mais alta forma de apresentar-nos à Providência será sempre a do obreiro honesto, aprovado na tarefa de que foi incumbido e que nada tenha de que se envergonhar.

133
Em torno da liberdade

Porque vós, irmãos, fostes chamados à liberdade. Mas não useis da liberdade para dar ocasião à carne; antes, pelo amor, servi-vos uns aos outros.
Paulo (*Gálatas*, 5:13.)

Quanto mais se agiganta a evolução intelectual da Terra, mais se propalam reclamos em torno da liberdade.

Há povos que se batem por liberdade mais ampla.

Aparecem os chamados campeões da liberdade, levantando quartéis de opressão e esfogueadas legendas de rebeldia.

Fala-se em mais liberdade para a juventude. Pede-se liberdade para a criança.

No entanto, basta uma vista de olhos, nas máquinas aperfeiçoadas do mundo moderno, para que se reconheça o impositivo inevitável da disciplina.

O automóvel chispa, vencendo barreiras, mas, se o motorista foge do equilíbrio ao volante ou se desobedece aos sinais do trânsito, o acidente sobrevém.

O avião devora distâncias, transportando o homem, através de todos os continentes, no espaço de poucas horas; todavia, se o piloto não atende aos planos traçados na direção, o desastre não se faz retardio.

Louvemos a liberdade, sim, mas a liberdade de construir, melhorar, auxiliar, elevar...

Ninguém, na Terra, foi mais livre que o Divino Mestre. Livre até mesmo da posse, da tradição, da parentela, da autoridade. Entretanto, ninguém mais do que Ele se fez escravo dos Desígnios Superiores, para beneficiar e iluminar a comunidade.

Eis por que nos adverte o apóstolo, sensatamente: "Fostes chamados à liberdade, mas não useis a liberdade, favorecendo a devassidão; ao invés disso, santifiquemos a liberdade, através do amor, procurando servir."

134
Pão

Eu sou o pão da vida.
Jesus (*João*, 6:48.)

Importante considerar a afirmativa de Jesus, comparando-se ao pão.

Todos os povos, em todos os tempos, se ufanam dos pratos nacionais.

As mesas festivas, em todas as épocas, banqueteiam-se com viandas exóticas. Condimentação excitante, misturas complicadas, confeitos extravagantes, grande cópia de animais sacrificados.

Às vezes, depois das iguarias tóxicas, as libações de entontecer.

O pão, no entanto, é o alimento popular. Ainda mesmo quando varie nos ingredientes que o compõem e nos métodos de confecção em que se configura, é constituído de farinha amassada e vulgarmente fermentada e que, depois de submetida ao calor do forno, se transforma em fator do sustento mundial. Sempre o mesmo, na avenida ou na favela, na escola ou no hospital. Se lhe adicionam outra espécie de quitute, entre duas fatias, deixa de ser pão. É sanduíche. Se lançado à formação de acepipe que o absorva, naturalmente desaparece.

O pão é invariavelmente pão.

Quando alguém te envolva no confete da lisonja, insuflando-te vaidade, não te dês à superestimação dos próprios valores. Não te acredites em condições excepcionais e nem te situes acima dos outros.

Abraça nos deveres diários o caminho da ascensão, recordando que Jesus – o Enviado Divino e Governador Espiritual da Terra – não achou para si mesmo outra imagem mais nobre e mais alta que a do pão puro e simples.

135
Diante do Mestre

Vós sereis meus amigos se fizerdes o que vos mando.
Jesus (*João*, 15:14.)

Aspirando ao título de amigos do Senhor, urge não lhe perdermos as instruções.

Imbuídos de entusiasmo, somos pródigos em manifestações exteriores, quanto a esse propósito, acrescendo notar que quase todas elas se caracterizam por alto valor indutivo.

Esforçamo-nos por estudar-lhe palavras e atitudes; e, claramente, não dispomos de quaisquer recursos outros para penetrar-lhes o luminoso sentido.

Administramos conselhos preciosos, em nome d'Ele, sem que nos seja permitido manejar veículo mais adequado às circunstâncias, a fim de que irmãos nossos consigam encontrar a direção ou o caminho de que se mostram carecedores.

Escrevemos páginas que lhe expressam as diretrizes; e não nos cabe agir de outro modo para que se nos amplie, na Terra, a cultura de espírito.

Levantamos tribunas, em que lhe retratamos o ensino pelo verbo bem-posto, sendo necessário que assim procedamos, difundindo esclarecimentos edificantes que nos favoreçam a educação dos sentimentos.

Realizamos pesquisas laboriosas, ajustando as elucidações inspiradas por Ele aos preceitos gramaticais em voga, competindo-nos reconhecer que não existe outra via senão essa para fazer-lhe a orientação respeitada nas assembleias humanas.

Entretanto, isso não basta.

Ele mesmo não se limitou a induzir. Demonstrando a própria união com o Eterno Bem, consagrou-se a substancializá-lo na construção do bem de todos.

Em verdade, podemos reverenciar o Cristo, aqui e ali, dessa ou daquela forma, resultando, invariavelmente, alguma vantagem de semelhante norma externa; mas, para sabermos como usufruir-lhe a sublime intimidade, é forçoso lhe ouçamos a afirmação categórica: "Vós sereis meus amigos se fizerdes o que vos mando."

136
Na vitória real

Tende bom ânimo, eu venci o mundo.
Jesus (*João*, 16:33.)

É importante enumerar algumas das circunstâncias difíceis em que se encontrava Jesus, quando asseverou perante os discípulos: "tende bom ânimo; eu venci o mundo."

Ele era alguém que, na conceituação do mundo, não passava de vencido vulgar.

Sabia-se no momento de entrar em amarga solidão.

Confessava que fora incompreendido pelos homens aos quais se propusera servir.

Não ignorava que os adversários lhe haviam assaltado a comunidade em formação, através de um amigo invigilante.

Dirigia-se aos companheiros, anunciando que eles próprios seriam dispersos.

Falava, sem rebuços, da flagelação de que seria vítima.

Via-se malquisto pela maioria, perseguido, traído.

Não desconhecia que lhe envenenavam as intenções.

Certificara-se de que as pessoas mais altamente colocadas eram as primeiras a examinar o melhor processo de confundi-lo.

Percebera o ódio de que se tornara objeto, principalmente por parte daqueles que pretendiam açambarcar o nome de Deus, a serviço de interesses inferiores.

Reconhecia-se a poucos passos da morte, a que se inclinaria, condenado sem culpa. Entretanto, Ele dizia: "tende bom ânimo; eu venci o mundo."

Quanto te encontres em crise, lembra-te do Mestre.

Subjugado, seria o conquistador inesquecível.

Batido, passaria à condição de senhor da vitória.

Assim ocorre, porque todos os construtores do aperfeiçoamento espiritual não estão na Terra para vencer no mundo, mas notadamente para vencer o mundo, em si mesmos, de modo a servirem ao mundo, sempre mais, e melhor.

137
Crença

Crês que há um só Deus e fazes bem. Mas os demônios também o creem e estremecem.
(*Tiago*, 2:19.)

Alguns momentos de reflexão no Evangelho sacodem-nos o raciocínio, para que venhamos a despertar no reconhecimento de nossas responsabilidades em matéria de crença.

Asseveramos, a cada passo, a convicção iludível, quanto à existência de Deus.

Habitualmente, enquadramos a vida mental a determinado tipo de interpretação religiosa, a fim de reverenciá-lo, através do modo que supomos mais digno.

Construímos santuários para honrar-lhe a munificência.

Pretendemos enobrecê-lo em obras de arte.

Sabemos admirar-lhe a sabedoria, seja na grandeza do firmamento ou na simplicidade do chão.

Certificamo-nos de que as suas leis são inelutáveis, desde as que foram estatuídas para a semente até as que traçam caminho às constelações.

Articulamos preces de louvor ou de súplica, nas quais lhe endereçamos os anseios mais íntimos.

Receitamos confiança em Deus para todos aqueles que ainda não conseguiram entesourá-la.

Às vezes, chegamos até mesmo ao entusiasmo infantil dos que imaginam adivinhar as opiniões de Deus, nisso ou naquilo.

Todas essas atitudes nascem da pessoa que reconhece a imanência de Deus.

Entretanto, os Espíritos perversos também sabem que Deus existe.

Crença por crença, há crença nos planos superiores, e há crença nos planos inferiores.

Meditemos nisso para considerar que, acima de tudo, importa saber o que estamos fazendo de nossa fé.

138
Ordem

Mas faça-se tudo decentemente e com ordem.
Paulo (*I Coríntios*, 14:40.)

Todos os êxitos da ciência humana se verificam na base da ordem estabelecida pela Sabedoria Divina, em todas as esferas da Criação.

A Astronomia assinala com antecedência determinados fenômenos que se verificarão no Cosmo, à face do equilíbrio em que se regem os movimentos do Universo.

A Medicina formula prognósticos exatos, em vista de contar com a regularidade das ocorrências orgânicas no veículo físico.

Em qualquer região da Terra, é possível prever as horas de sombra e luz.

Cultivadores orientam atividades na gleba, segundo as estações.

A planta produz, conforme a espécie, e toda enxertia praticada pelo homem se caracteriza por limitações definidas, nas estruturas do reino vegetal.

Tudo na Obra Divina se engrena em princípios de harmonia.

Abstenhamo-nos, pois, de tumultuar as construções do espírito, com a desculpa de exaltar a caridade ou com o pretexto de cumprir a Vontade de Deus.

Evolução e aperfeiçoamento constituem realização de todos, atribuindo tarefas a cada um.

A primeira mostra do Desígnio da Providência, seja onde for, aparece no dever a que somos chamados na construção do bem comum.

Sejamos, assim, leais ao encargo que nos compete.

Qualquer engenho, para atender com segurança, pede ordem. E a ordem solicita se afirme cada peça em seu justo lugar.

139
Religião pura

A religião pura e imaculada para com Deus, o Pai, é esta: visitar os órfãos e as viúvas nas suas tribulações e guardar-se da corrupção do mundo.
(*Tiago*, 1:27.)

Religião, diante das criaturas humanas, pode envolver atitudes diversas:

Polemicar em torno dos atributos de Deus...
Aditar interpretações individuais às revelações sublimes...
Centralizar a mente na exegese...
Consumir a existência em casuísmo...
Reexaminar princípios veneráveis em horas certas...
Atender a ritualismo...
Enriquecer a simbologia...
Adotar posturas convencionais...
Cultivar penitências vazias...
Levantar monumentos de pedra...

Ninguém nega que essas manifestações deixem de ser atestados de religião e religiosidade entre nós outros, as criaturas encarnadas e desencarnadas na Terra; e ninguém recusa o valor relativo que apresentem para determinadas pessoas, em certos estágios da evolução.

Entretanto, o Evangelho nos ensina que a religião pura, diante de Deus, é outra coisa.

Tiago traça a definição correta, afirmando: "A religião pura e imaculada para com Deus, o Pai, é esta: visitar os órfãos e as viúvas nas suas tribulações e guardar-se da corrupção do mundo."

Em suma, a religião irrepreensível da alma, perante a Divina Providência, segundo no-lo confirma a Doutrina Espírita em seus postulados, repousa, acima de tudo, no serviço ao próximo e no caráter ilibado, ou melhor, na caridade incessante e na tranquilidade da consciência.

140
Diante da Justiça

*Meus irmãos, que aproveita se alguém disser que tem fé
e não tiver as obras? porventura, a fé pode salvá-lo?*
(*Tiago*, 2:14.)

Estranha a norma do homem, quando julga possuir as chaves da Vida Superior, simplesmente por manter a fé, como se bastasse apenas convicção para que se realize serviço determinado.

Comparemos fé e obras com a planta e as construções.

Sem plano adequado, não se ergue edifício em linhas corretas.

Note-se, porém, que o aleijão arquitetônico, improvisado sem plano, ainda serve, em qualquer parte, para albergar os que jornadeiam sem rumo, e o projeto mais nobre, sem concretização que lhe corresponda, não passa de preciosidade geométrica, sentenciada ao arquivo.

Um viajante transportará consigo vasta coleção de croquis pelos quais se levantará toda uma cidade, mas, se não dispõe de uma tenda a que se abrigue durante o aguaceiro, decerto que os desenhos, conquanto respeitáveis, não impedirão que a chuva lhe encharque os ossos.

Possuir uma fé será reter uma crença religiosa; no entanto, cultivar a fé significa observar segurança e pontualidade, na execução de um compromisso.

Ninguém resgata uma dívida unicamente por louvar o credor.

À vista disso, não nos iludamos.

Asseguremo-nos de que não nos faltará a Bondade Divina, mas construamos em nós a humana bondade.

Por muito alta a confiança de alguém no Poder Maior do Universo, isso, por si só, não lhe confere o direito de reclamar o bem que não fez.

141
Hospitalidade

Não vos esqueçais da hospitalidade, porque, por ela, alguns, não o sabendo, hospedaram anjos.
Paulo (*Hebreus*, 13:2.)

É provável que nem sempre disponhas dos recursos necessários à hospedagem de companheiros em casa.

Obstáculos e vínculos domésticos, em muitas ocasiões, determinam impedimentos.

Se a parentela ainda não se compraz contigo, na cultura da gentileza, não é justo violentes a harmonia do lar, estabelecendo discórdia, em nome do Evangelho que te recomenda servi-los.

Nada razoável empilhar amigos, em espaço irrisório, impondo-lhes constrangimentos, à conta de bem-querer.

Todos nós, porém, conseguimos descerrar as portas da alma e oferecer acolhimento moral.

Nem todos os desabrigados se classificam entre os que jornadeiam sem teto.

Aqui e ali, surpreendemos os que vagueiam, deserdados de apoio e convivência...

Observa e tê-lo-ás no caminho, a te pedirem asilo ao entendimento.

Dá-lhes uma frase de coragem, um pensamento de paz, um gesto de amizade, um momento de atenção.

Às vezes, aquele que hoje se reergue com a tua migalha de amor é quem te vai solucionar as necessidades de amanhã, num carro de bênçãos. Não te digas inútil, nem te afirmes incapaz.

Ninguém existe que não possa auxiliar alguém, estendendo o agasalho da simpatia pelos fios do coração.

142
No bem de todos

Sejam vossos costumes sem avareza, contentando-vos com o que tendes, porque Ele disse: "não te deixarei, nem te desampararei."
PAULO (*Hebreus*, 13:5.)

Encarna-se e reencarna-se o Espírito na Terra, a fim de aperfeiçoar-se no rumo das Estâncias Superiores do Universo.

Não te encarceres, assim, nos tormentos do supérfluo que a avareza retém, como sendo recurso indispensável à vida, na cegueira com que inventa fantasiosas necessidades.

O dono do pomar não comerá dos frutos senão a quota compatível com os recursos do estômago.

O atacadista de algodão vestirá uma camisa de cada vez.

Entretanto, o cultivador e o negociante serão abençoados nos Céus se libertam os valores que administram, em louvor do trabalho que dignifica, da educação que eleva, da beneficência que restaura ou da fraternidade que sublima.

Atendamos aos deveres que as circunstâncias nos atribuem, acalentando ideais de melhoria, mas aprendamos a contentar-nos com o que temos, sem ambicionar o que não possuímos, em matéria de aquisições passageiras, a fim de conquistarmos, sem atritos desnecessários, os talentos que nos faltam.

Ainda não se viu homem no mundo, cercado de tesouros infrutíferos, que se livrasse, tão somente por isso, das leis que regem o sofrimento e a enfermidade, a velhice e a morte.

Respeitemos os princípios divinos do bem para todos.

Confiemos, trabalhando.

Caminhemos, servindo.

"Não te deixarei, nem te desampararei"– disse-nos o Senhor.

Sim, o Senhor jamais nos deixará, nem nos desamparará, mas, se não queremos experiências dolorosas, espera naturalmente que não nos releguemos à ilusão, nem lhe desprezemos a companhia.

143
Ao clarão da verdade

Porque noutro tempo éreis trevas, mas agora sois luz no Senhor; andai como filhos da luz.
Paulo (*Efésios*, 5:8.)

Curiosas estatísticas mencionam aproximadamente as quotas de tempo que a criatura humana despende com a vigília e com o sono, com o trabalho e com o entretenimento.

Muito importante para cada um de nós, porém, um balanço pessoal, de quando em quando, acerca das horas gastas com lamentações prejudiciais.

Óbvio que quase todos nós atravessamos obscuros labirintos, antes de atingirmos adequado roteiro espiritual.

Em múltiplas circunstâncias, erros e enganos povoaram-nos a mente com remorsos e arrependimentos tardios.

Isso, todavia, não justifica choro estanque.

Motorista sensato não larga um carro, atravancando a pista, porque haja perdido os freios ou sofrido desajustes. O desleixo deporia contra ele, acrescendo-se, ainda, a circunstância de criar, com isso, perigoso empeço ao trânsito.

É possível tenhamos estado em trevas até ontem...

Provavelmente, quedas temerosas ter-nos-ão assinalado experiências transcorridas...

Achávamo-nos, contudo, na condição do viajor que jornadeia circulado de sombras, tropeçando aqui e além, sem o preciso discernimento. Hoje, no entanto, que tudo se faz claro em derredor, fujamos de dramatizar desencantos ou fixar desacertos, através de queixas e recriminações que complicam e desajudam, ao invés de simplificar e auxiliar.

Assevera Paulo, refletidamente: "Porque noutro tempo éreis trevas, mas agora sois luz do Senhor; andai como filhos da luz."

Raras pessoas conseguirão afirmar que desconhecem as tentações e os riscos do nevoeiro, mas todos nós, presentemente transformados ao clarão da verdade, podemos caminhar trilha adiante, renascidos na alvorada do conhecimento superior para o trabalho da luz.

144
Exemplificar

Respondendo, então, disse-lhes Jesus: "Ide e anunciai" [...].
(Lucas, 7:22.)

Através de todas as nações, o homem levanta realizações notáveis, nas quais se lhe exalça o egoísmo inteligente.

Em toda a parte, repontam obras suntuárias, solicitando moderação e corrigenda, para que o abuso de poucos não agrave as aflições e as necessidades de muitos.

Entretanto, porque o raciocínio rogue confrontações claras para estudos corretos, reconheçamos o realce, conquanto vazio e por vezes ruinoso, de semelhantes cometimentos.

Ninguém nega a amenidade do edifício caprichosamente construído para festas inúteis, embora não se lhe possa louvar o destino.

É indiscutível a preciosidade do iate de luxo, não obstante seja tão somente dedicado ao excesso.

Inegável a feição deleitosa de um jardim suspenso, mesmo quando não passe de apêndice arquitetônico.

Belo o espetáculo da fonte luminosa por distração na praça pública, apesar de se manter muito longe do proveito de um simples chafariz.

Analisando essas empresas, na lógica do Espiritismo, somos, contudo, impelidos a reconhecer que os amigos afeiçoados ao supérfluo estarão agindo dessa forma por falta de esclarecimento e orientação.

A experiência terrestre na atualidade não desconhece que é preciso ensinar aos homens a arte de alimentar e vestir, conversar e conviver, a fim de que haja saúde, euforia, compreensão e harmonia na Humanidade.

Disse Jesus, em várias ocasiões, aos seguidores: "Ide e pregai [...]."

Nada justo, assim, reprovar sem consideração os companheiros que ainda se encontram involuntariamente distantes das realidades do espírito. Onde o desperdício apareça por flagelo da ignorância, iniciemos a construção da verdade pelo exemplo da sobriedade, na certeza de que, em toda tarefa de educação, exemplificar é explicar.

145
Enquanto temos tempo

[...] Enquanto temos tempo, façamos bem a todos [...].
PAULO (*Gálatas*, 6:10.)

Às vezes, o ambiente surge tão perturbado que o único meio de auxiliar é fazer silêncio com a luz íntima da prece.

Em muitas circunstâncias, o companheiro se mostra sob o domínio de enganos tão extensos que a forma de ajudá-lo é esperar que a vida lhe renove o campo do espírito.

Aparecem ocasiões em que determinado acontecimento surge tão deturpado que não dispomos de outro recurso senão contemporizar com a dificuldade, aguardando melhores dias para o trabalho esclarecedor.

Repontam males na estrada com tanta força de expansão que, em muitos casos, não há remédio senão entregar os que se acumpliciam com eles às consequências deploráveis que se lhes fazem seguidas.

Entretanto, as ocasiões de construir o bem se destacam às dezenas, nas horas do dia a dia.

Uma indicação prestada com paciência...
Uma palavra que inspire bom ânimo...
Um gesto que dissipe a tristeza...
Um favor que remova a aflição...
Analisemos a trilha cotidiana.

A paz e o concurso fraterno, a explicação e o contentamento são obras morais que pedem serviço edificante como as realizações da esfera física.

Ergue-se a casa, elemento a elemento.

Constrói-se a oportunidade para a vitória do bem, esforço a esforço.

E, tanto numa quanto noutra, a diligência é indispensável.

Não vale esperança com inércia.

O tijolo serve na obra, mas nossas mãos devem buscá-lo.

146
Sirvamos em paz

Não estejais inquietos por coisa alguma [...].
Paulo (*Filipenses*, 4:6.)

Quase que em toda a parte encontramos pessoas agoniadas, sem motivo, ou exaustas, sem razão aparente.

Transitam nos consultórios médicos, recorrem a casas religiosas, suplicando prodígios, isolam-se na inutilidade, choram de tédio. Confessam desconhecer a causa dos males que as assoberbam; clamam, infundadamente, contra o meio em que vivem.

É que, via de regra, ao invés de situarem a mente no caminho natural da evolução, atiram-na aos despenhadeiros da margem.

Que a Terra hospeda multidões de companheiros endividados, tanto quanto nós mesmos, todos sabemos... A imprensa vulgar talha colunas e colunas dedicadas à tragédia, certas publicações cultivam o hábito de instilar a delinquência, conflitos explodem insuflando a rebeldia dessa ou daquela camada social, profetas do pessimismo adiantam escuras previsões...

Isso tudo acontece, isso tudo é inevitável.

Urge, no entanto, não dar, aos acontecimentos contrários à harmonia da vida, qualquer atenção, além da necessária. Basta empregar exageradamente a energia mental, num escândalo ou num crime, para entrar em relação com os agentes destrutivos que os provocaram. Ofereçamos ao repouso restaurativo ou à resistência ao mal mais tempo que o tempo indispensável e cairemos na preguiça ou na cólera que nos desgastam as forças.

Se consumimos alimento deteriorado, rumamos para a doença; se repletamos o cérebro de preocupações descontroladas, inclinamo-nos, de imediato, ao desequilíbrio.

Imunizando-nos contra semelhantes desajustes, exortou-nos o Apóstolo Paulo: "não estejais inquietos por coisa alguma", como a dizer-nos que compete a nós outros, os que elegemos Jesus por Mestre, a obrigação de andar no mundo, ainda conturbado e sofredor, sem gastar tempo e vida em questões supérfluas, prosseguindo, firmes, na estrada de entendimento e serviço que o Senhor nos traçou.

147
Mãos em serviço

*E Jesus, estendendo as mãos, tocou-o,
dizendo: "quero, sê limpo." [...]*
(*Mateus*, 8:3.)

Mãos estendidas!...

Quando estiveres meditando e orando, recorda que todas as grandes ideias se derramaram, através dos braços, para concretizarem as boas obras.

Cidades que honram a civilização, indústrias que sustentam o povo, casa que alberga a família, gleba que produz, são garantidas pelo esforço das mãos.

Médicos despendem largo tempo em estudo para a conquista do título que lhes confere o direito de orientar o doente; no entanto, vivem estendendo as mãos no amparo aos enfermos.

Educadores mergulham vários lustros na corrente das letras, adquirindo a ciência de manejá-las; contudo, gastam longo trecho da existência, estendendo as mãos no trabalho da escrita.

Cada reencarnação de nosso espírito, exige braços abertos do regaço maternal que nos acolhe.

Toda refeição, para surgir, pede braços em movimento.

Cultivemos a reflexão para que se nos aclare o ideal, sem largar o trabalho que no-lo realiza.

Jesus, embora pudesse representar-se por milhões de mensageiros, escolheu vir Ele próprio até nós, colocando mãos no serviço, de preferência em direção aos menos felizes.

Pensemos n'Ele, o Senhor. E toda vez que nos sentirmos cansados, suspirando por repouso indébito, lembremo-nos de que as mãos do Cristo, após socorrer-nos e levantar-nos, longe de encontrarem apoio repousante, foram cravadas no lenho do sacrifício, do qual, conquanto escarnecidas e espancadas, ainda se despediram de nós, entre a palavra do perdão e a serenidade da bênção.

148
No bom combate

Combati o bom combate, acabei a carreira, guardei a fé.
Paulo (*II Timóteo*, 4:7.)

Nas lides da evolução, há combate e bom combate.

No combate, visamos aos inimigos externos. Brandimos armas, inventamos ardis, usamos astúcias, criamos estratégia e, por vezes, saboreamos a derrota de nossos adversários, entre alegrias falsas, ignorando que estamos dilapidando a nós mesmos.

No bom combate, dispomo-nos a lutar contra nós próprios, assestando baterias de vigilância em oposição aos sentimentos e qualidades inferiores que nos deprimem a alma.

O combate chumba-nos o coração à crosta da Terra, em aflitivos processos de reajuste, na lei de causa e efeito.

O bom combate liberta-nos o espírito para a ascensão aos planos superiores.

Paulo de Tarso, escrevendo a Timóteo, nos últimos dias da experiência terrestre, forneceu-nos preciosa definição nesse sentido. Ele, que andara em combate até o encontro pessoal com o Cristo, passou a viver no bom combate, desde a hora da entrevista com o Mestre. Até o caminho de Damasco, estivera em função de louros mundanos, ávido de dominações transitórias, mas, desde o instante em que Ananias o recolheu enceguecido e transtornado, entrou em subalternidade dolorosa. Incompreendido, desprezado, apedrejado, perseguido, encarcerado várias vezes, abatido e doente, jamais deixou de servir à causa do bem, que abraçara com Jesus, olvidando males e achaques, constrangimentos e insultos. Ao término, porém, da carreira de semeador da verdade, o ex-conselheiro do Sinédrio, aparentemente arrasado e vencido, saiu da Terra na condição de verdadeiro triunfador.

149
Todos os dias

[...] e eis que eu estou convosco, todos os dias, até a consumação dos séculos.
Jesus (*Mateus*, 28:20.)

Não te digas sem a inspiração de Jesus para adotar rumo certo.

A atualidade terrestre mostra cientificamente que a comunhão espiritual não depende do espaço ou do tempo.

Podes fitar um orientador da comunidade e colher-lhe a palavra, a longa distância, através da televisão...

Conversar com um amigo, de um continente a outro, com o auxílio do telefone...

Escutar o cantor predileto, que atua de longe, por intermédio do rádio...

Recolher a mensagem de alguém, na tira de um telegrama...

Acompanhar, nas colunas da imprensa, o cronista simpático que nunca viste em pessoa...

Assim também, nossas ligações com o Cristo de Deus.

Jesus não é mestre ausente ou símbolo morto. Ainda e sempre, é para nós, os que declaramos aceitar-lhe a governança, o mentor vigilante e o exemplo vivo.

Basta recapitular-lhe as lições para refleti-lo. E, ao retratá-lo em nós, segundo as nossas acanhadas concepções, receberemos d'Ele a ideia ou o socorro de que careçamos, a fim de escolher com acerto e agir com justiça.

Prometeu-nos o Mestre, ao falar aos discípulos:

–"Eis que eu estou convosco, todos os dias, até à consumação dos séculos."

Como é fácil de perceber, o Senhor está conosco, esperando, porém, que estejamos com Ele.

150
Sempre agora

*[...] eis aqui agora o tempo aceitável, eis
aqui agora o dia da salvação.*
Paulo (*II Coríntios*, 6:2.)

Há também uma sinonímia para as estâncias da vida e oportunidades da alma.

Todas as circunstâncias significam ocasiões para o cultivo de valores do espírito, como sejam:

saúde – edificação;
moléstia – aprimoramento;
juventude – preparo;
madureza – juízo;
prosperidade – construção;
penúria – diligência;
êxito – serviço;
fracasso – experiência;
direção – exemplo;
subalternidade – cooperação;

regozijo – prudência;
tristeza – coragem;
liberdade – disciplina;
compromisso – fidelidade;
casamento – aprendizado;
celibato – abnegação;
trabalho – dever;
repouso – proveito.

As mais diversas situações do cotidiano expressam a vinda de momento adequado para que venhamos a realizar o melhor.

Não te ponhas, assim, a aguardar o futuro para atender à procura da verdade e à lavoura do bem.

O Apóstolo Paulo, profundo conhecedor das necessidades humanas, indica acertadamente o tempo da elevação espiritual como sendo sempre *agora*.

151
Rogar

[...] Não se faça a minha vontade, mas a tua.
Jesus (*Lucas*, 22:42.)

É comum a alteração de votos que formulamos, de planos que fazemos.

Vários propósitos que se nos erigiam na alma, por anseios aflitivos do sentimento, caem, após realizados, nos domínios do trivial, dando lugar a novos anseios.

Petições que endereçamos à Vida Maior, em muitas ocasiões, quando atendidas, já nos encontram modificados por súplicas diferentes. O que ontem era importante para nós costuma descer para as linhas da vulgaridade e o que desprezávamos antigamente, não poucas vezes passa à condição de essencial.

Forçoso, desse modo, rogar com prudência as concessões da vida.

Poderes superiores velam por nossas necessidades, facultando-nos aquilo que nos é efetivamente proveitoso.

Em circunstâncias diversas, acontecimentos que nos parecem males são bens que não chegamos a entender, de pronto, e basta analisar as ocorrências da vida para percebermos que muitas daquelas que se nos afiguram bens resultam em males que nos dilapidam a consciência e golpeiam o coração.

Todos possuímos amigos admiráveis que se comovem à frente de nossas rogativas, empenhando influência e recurso por satisfazer-nos, prejudicando-se, frequentemente, em nome do amor, por nossa causa, de vez que nem sempre estamos habilitados a receber o que desejamos, no que se refere a conforto e vantagem.

Aprendamos, assim, a trabalhar, esperando pelos desígnios da Justiça Divina sobre os nossos impulsos.

Importante lembrar que o próprio Cristo, na fidelidade a Deus, foi constrangido também a dizer: "Pai, não se faça a minha vontade, mas a tua."

152
Descansar

E Ele disse-lhes: vinde vós, aqui à parte, a um lugar deserto, e repousai um pouco; porque havia muitos que iam e vinham e não tinham tempo para comer.
(*Marcos*, 6:31.)

Pressa e agitação caracterizam o ambiente das criaturas menos avisadas em todos os tempos.

Na época de Jesus, muita gente já ia e vinha, aqui e acolá, sofrendo a pressão de exigências da vida material, acreditando não dispor de tempo para pensar.

Isso fez que o Mestre se dirigisse à multidão, exortando: "vinde vós, aqui à parte, a um lugar deserto, e repousai um pouco".

Entretanto, assim como aparecem os que exageram as próprias necessidades, caindo em precipitação, temos os companheiros que se excedem no descanso, encontrando, a cada passo, motivos para a fuga do dever a cumprir. À vista de embaraços mínimos, declaram-se fatigados, desiludidos, deprimidos ou enfermos, e param a máquina do serviço que lhes compete, recolhendo-se à inércia, com o pretexto de meditação, refazimento, virtude ou prece. Para isso, muitos dizem que o próprio Jesus aconselhou o repouso e a oração, esquecendo-se de que o Senhor reconstituía as forças no retiro, a fim de tornar ao serviço e prosseguir trabalhando...

Nesse sentido, convém recordar as palavras textuais do Evangelho. Jesus não afirmou: *repousai quanto quiserdes*, mas sim, *repousai um pouco*.

153
Conceito de salvação

[...] Eis agora o tempo sobremodo oportuno,
eis agora o dia da salvação.
Paulo (*II Coríntios*, 6:2.)

Salvar, em sinonímia correta, não é divinizar, projetar ao céu, conferir santidade a alguém através de magia sublimatória ou fornecer passaporte para a intimidade com Deus.

Salvar, em legítima significação, é "livrar de ruína ou perigo", "conservar", "defender", "abrigar" e nenhum desses termos exime a pessoa da responsabilidade de se conduzir e melhorar-se.

Navio salvo de risco iminente não está exonerado da viagem, na qual enfrentará naturalmente perigos novos, e doente salvo da morte não se forra ao imperativo de continuar nas tarefas da existência, sobrepujando percalços e tentações.

O Evangelho não deixa dúvidas quanto a isso. Pedro, salvo da indecisão, é impelido a sustentar-se em trabalho até a senectude das forças físicas. Paulo, salvo da crueldade, é constrangido a esforço máximo, na própria renovação, até o último sacrifício.

Se experimentas o coração chamado à verdade pela Doutrina Espírita, compreendamos que a salvação terá efetivamente chegado até nós. Não aquela que pretende investir-nos, ingenuamente, na posse de títulos angélicos, quando somos criaturas humanas, com necessidade de aprender, evoluir, acertar e retificar-nos, mas sim a salvação no verdadeiro sentido, isto é, como auxílio do Alto para que estejamos no conhecimento de nossas obrigações, diante da Lei, dispostos a esposá-las e a cumpri-las.

Sobretudo, não nos detenhamos em frases choramingueiras, perdendo mais tempo sobre o tempo perdido. Reconheçamos com o apóstolo que "o tempo sobremodo oportuno" para a salvação ou, melhor, para a corrigenda de nossos erros e aproveitamento da nossa vida, chama-se *agora*.

154
Nas trilhas da fé

Simão Pedro, servo e apóstolo de Jesus Cristo, aos que conosco obtiveram fé igualmente preciosa [...].
PEDRO (*II Pedro*, 1:1.)

Em muitas ocasiões, admitimos erroneamente que os grandes vultos do Cristianismo terão obtido privilégios nas Leis Divinas; entretanto, basta a reflexão nas realidades do Evangelho, para que nos capacitemos da sem-razão de semelhante conceito.

Simão Pedro nos fala da fé "igualmente preciosa" e raros vultos da história do Cristo poderão competir com ele em matéria de renovação pessoal.

Era ele pescador de vida humilde, homem quase iletrado, comprometido em obrigações de família, habitante de aldeola paupérrima, seguidor do Evangelho submetido a tentações e vacilações que, por algumas vezes, o fizeram cair; entretanto, guindou-se à posição de apóstolo da causa mais alta da Humanidade, ampliou seus conhecimentos, adquiriu importância fazendo-se condutor e irmão da comunidade, liderou a ideia cristã nas metrópoles do seu tempo e, de cada vez que se viu incurso em erro, procurou corrigir-se e seguir adiante, no desempenho das obrigações que lhe eram atribuídas.

Realmente, não possuímos qualquer justificativa para isentar-nos do serviço de autoeducação, à frente do Cristo, sob a alegação de que não recolhemos recursos imprescindíveis à solução dos problemas do próprio burilamento para a vitória espiritual.

Pedro, com a autoridade do exemplo, afirma-nos que, diante da Providência Divina, todos nós obtivemos valores iguais para as realizações da mesma fé.

155
Paz em nós

*Porque a nossa glória é esta: o testemunho
da nossa consciência [...].*
Paulo (*II Coríntios*, 1:12.)

Abraçando a renovação espiritual para a conquista da luz, quase sempre somos contraditados pelas forças da sombra, qual se tivéssemos o coração exposto a todas as críticas destrutivas.

Cultivas bondade e afirmam-te idiota.
Mostras paciência e imaginam-te poltrão.
Esqueces golpes sofridos e chamam-te covarde.
Praticas a humildade e apontam-te por tolo.
Falas a verdade e supõem-te obsesso.
Exerces brandura e julgam-te preguiçoso.
Auxilias fraternalmente e envenenam-te o gesto.
Confias e dizem-te fanático.
Cumpres obrigações e há quem zombe de ti.

Entretanto, a despeito de todas as dúvidas e impugnações que te cerquem os passos, segue para diante, atendendo aos deveres que a vida te preceitua, conforme o testemunho da consciência, na convicção de que felicidade verdadeira significa, em tudo, paz em nós.

156
Segundo agimos

*Mas deliberei isto comigo mesmo: não ir
mais ter convosco em tristeza.*
Paulo (*II Coríntios*, 2:1.)

Cautela com a tristeza, capaz de converter-se em lama de fel ou em labareda de angústia no coração!

Sentimentos, ideias, palavras e atitudes são agentes magnéticos de indução para o melhor ou o pior, conforme o rumo que se lhes traça.

Queixa inútil enfraquece o otimismo, gerando desconfiança e perturbação.

Azedume corta o impulso de generosidade, aniquilando boas obras no nascedouro.

Irritação abate as forças da alma, trazendo a exaustão prematura.

Mágoa anula a esperança, arrasando possibilidades de trabalho.

Desespero queima o solo do ideal, exterminando a sementeira do bem.

Se aspiras a construir, planta benevolência e serenidade, entendimento e abnegação na gleba da própria alma.

Todos dependemos uns dos outros, na desincumbência dos compromissos que nos competem. A vida, porém, através de todos aqueles que nos partilham a marcha, reage sobre nós, segundo agimos; em vista disso, para a execução da tarefa que nos cabe, quantos caminham ao nosso lado apenas colaboram conosco, na pauta de nosso auxílio, dando-nos isso ou aquilo, no tanto e na espécie daquilo ou disso que venham a receber.

157
Na construção do Mestre

Ora, vós sois o corpo do Cristo e seus membros em particular.
Paulo (*I Coríntios*, 12:27.)

O Evangelho não nos convida à confiança preguiçosa nos poderes do Cristo, qual se estivéssemos assalariados para funcionar em claques de adoração vazia.

O Apóstolo Paulo faz-nos sentir toda a extensão da responsabilidade que nos compete à frente da Boa-Nova.

Cada cristão é parte viva do corpo de princípios do Mestre, com serviço em particular.

Não te iludas, assim, fixando-te exclusivamente em afirmações labiais de fé no Senhor, sem adesão do próprio esforço ao trabalho edificante que nos foi reservado.

Sentindo, pensando, falando e agindo nessa ou naquela ocorrência, é indispensável compreender que é preciso sentir, pensar, falar e agir, como se o Mestre estivesse sentindo, pensando, falando e agindo em nós e por nós.

Alguém provavelmente dirá que isso seria atrevida superestimação de nós próprios; entretanto, apesar de nossas evidentes imperfeições, é forçoso começar a viver no Senhor para que o Senhor viva onde nos cabe viver.

Para isso, perguntemos diariamente a nós mesmos como faria Jesus o que estamos fazendo, porque, sendo o Cristo o dirigente e mentor de nossa fé, todos nós, servos d'Ele, somos chamados, no setor da atividade individual, a defini-lo e retratá-lo com fiel expressão.

158
Vontade Divina

E não vos conformeis com este mundo, mas transformai-vos pela renovação do vosso entendimento para que experimenteis qual seja a boa, agradável e perfeita vontade de Deus.
Paulo (*Romanos*, 12:2.)

Expressa-se a Vontade de Deus pelas circunstâncias da existência; todavia, devemos apreendê-la na essência e no rumo, o que nos será claramente possível...

Não só pelos avisos religiosos que nos ajudam a procurá-la.

Nem pelos constrangimentos da Terra, que nos impelem a compromissos determinados.

Nem pelos preceitos sociais que nos resguardam em disciplina.

Nem pela voz dos amigos que nos apoiam a caminhada.

Nem pelos acicates da prova que nos corrigem os sentimentos.

A fé ilumina, o trabalho conquista, a regra aconselha, a afeição reconforta e o sofrimento reajusta; no entanto, para entender os Desígnios Divinos a nosso respeito, é imperioso renovar-nos em espírito, largando a hera do conformismo que se nos arraiga no íntimo, alentada pelo adubo do hábito, em repetidas experiências no plano material.

Recebamos o auxílio edificante que o mundo nos ofereça, mas fujamos de contemporizar com os enganos do mundo, diligenciando burilar-nos cada vez mais, porque educação conosco é clarão no âmago da própria alma e por muito brilhemos por fora, no jogo das ocorrências temporárias da estância física, nada entenderemos da luz de Deus que nos sustenta a vida, sem luz em nós.

159
Aprendamos, no entanto...

Medita estas coisas, ocupa-te nelas para que o teu aproveitamento seja manifesto a todos.
PAULO (*I Timóteo*, 4:15.)

Em muitas reencarnações passadas, adotamos igualmente a estranha maneira de muitos dos nossos irmãos, vinculados hoje ao Cristianismo, cujo comportamento religioso a vida reajustará, qual aconteceu a nós outros.

Buscávamos o Evangelho e pregávamos o Evangelho, atendendo a sentido demagógico.

Queríamos o Cristo para que o Cristo nos servisse.

Cultivávamos a oração, pretendendo subornar a Justiça Divina.

Compartíamos demonstrações e expressões de fé, à caça de vantagens pessoais, no imediatismo das gratificações terrestres.

À face disso, temos entrado múltiplas vezes no renascimento físico e atravessado os pórticos da reencarnação, carreando a consciência pesada de culpas, à maneira de aposento recheado de lixo e sucata da experiência humana, incapaz de se abrir ao sol da Bondade Divina.

O Apóstolo Paulo, no entanto, escrevendo a Timóteo – ele que foi o campeão impertérrito da fé viva – traça a diretriz que nos é necessária, à frente das lições do Senhor.

Após valiosa série de considerações sobre os princípios evangélicos, nas quais persuade o companheiro a ler, instruir, exortar e exemplificar em boas obras, pede não apenas para que o amigo e aprendiz medite nas doutrinas que aceita, mas recomenda-lhe aplicar-se a elas, a fim de que o aproveitamento pessoal dele seja manifesto a todos.

A assertiva de Paulo não deixa dúvidas.

Quanto nos seja possível, estudemos as lições do Senhor e reflitamos em torno delas. Aprendamos, no entanto, a praticá-las, traduzindo-as em ação, no cotidiano, para que a nossa palavra não se faça vazia e a nossa fé não seja vã.

160
Reconheçamos, porém...

*[...] Mas se alguém não tem o Espírito
do Cristo, esse tal não é d'Ele.*
PAULO (*Romanos*, 8:9.)

Todos necessitamos de chamamento ao Evangelho, todos atravessamos o período da fome de informações, acerca de Cristo. E, aderindo às interpretações do ensinamento cristão a que mais nos ajustamos, não raro nos confiamos apaixonadamente às manifestações superficiais de nossa fé.

Partilhamos assembleias seletas ou humildes, nos templos materiais, o que, sem dúvida, nos dignifica o pensamento religioso.

Integramos equipes de propaganda dos pontos de vista que esposamos, o que, realmente, nos evidencia o zelo das atitudes.

Cultivamos discussões acirradas, por demonstrar a validade de nossas opiniões, o que, na essência, nos revela o fervor.

Adotamos hábitos exteriores, às vezes até mesmo em assuntos de alimentação e convenção social, com o decidido propósito de testemunhar, publicamente, a nossa maneira de sentir, o que, no fundo, nos patenteia a sinceridade sempre louvável.

Em muitas circunstâncias, oramos, segundo fórmulas especiais; obrigamo-nos a devoções particulares; formamos círculos de atividades afins, a isolar-nos dentro deles; ou carregamos dísticas que nos especificam a confissão...

Todas as manifestações externas, que lembrem o nome de Jesus e que se reportem, de qualquer modo, às lições de Jesus, são recursos preciosos, constituindo-se em sugestões edificantes para o caminho. Reconheçamos, porém, que a palavra do Evangelho é demasiado clara ao proclamar a necessidade do Cristo em nossa vida, sentimento, ideia, ação e conduta, quando afirma convincente: "Mas se alguém não tem o Espírito do Cristo, esse tal não é d'Ele."

161
Nos padrões de Jesus

E renovai-vos pelo espírito do vosso sentir.
Paulo (*Efésios*, 4:23.)

Transformações ocorrem muitas.

Temos aquelas, devidas às usanças do tempo, em que somos convidados a seguir conforme as prescrições da moda...

Entramos, habitualmente, em algumas, capazes de aprovisionar-nos com facilidades de ordem humana, através de corporações que nos valorizem os interesses...

Conhecemos outras que nos atingem os costumes, por imposição da família terrestre, para que se não percam determinadas conveniências...

Experimentamos várias outras ainda, em que o recurso a certas legendas exteriores nos faculta o apoio de autoridades transitórias do mundo...

Todas essas mudanças são suscetíveis de enriquecer-nos com abençoadas ocasiões de melhorar e reconstruir os valores que nos cercam, com vista ao cultivo do bem e à vitória do bem.

Metamorfose essencial, entretanto, para nós será sempre aquela que nos alcance o imo da alma.

O Apóstolo Paulo impele-nos à renovação pelo sentimento, à luz do Evangelho. Isso equivale a dizer que, para renovar-nos, em verdade, no modelo do Cristo, é necessário, acima de tudo, sentir nos padrões do Cristo, para pensar, observar, ouvir, ver e agir com acerto, na realização da tarefa que o Cristo nos reservou.

162
Tende fé em Deus

E Jesus, respondendo, disse-lhes: tende fé em Deus.
(*Marcos*, 11:12.)

Bastas vezes, as dificuldades na concretização de um projeto elevado se nos afiguram inamovíveis.

Começamos por reconhecer-lhes o peso inquietante e estimáveis companheiros acabam por destacar-nos a importância delas, como a dizer-nos que é preciso renunciar ao bem que pretendemos fazer.

Tudo, aparentemente, é obstáculo intransponível...

Mas Deus intervém e uma porta aparece.

Há circunstâncias, nas quais o problema com que somos defrontados, numa questão construtiva, é julgado insolúvel.

Passamos a inquietar-nos e, não raro, especialistas no assunto compareçam junto de nós, apontando-nos a impraticabilidade da solução.

As obscuridades crescem por sombras indevassáveis...

Mas Deus interfere e desponta uma luz.

Em certas ocasiões, uma pessoa querida, ao perturbar-se de chofre, fornece a impressão de doente irrecuperável.

Afligimo-nos ao vê-la assim em desequilíbrio e, quase sempre, observadores amigos comentam a inexequibilidade de qualquer melhoria, induzindo-nos a largá-la ao próprio infortúnio.

Avoluma-se a prova que lembra angústia inarredável...

Mas Deus determina e surge um remédio. Ocorrem-te no mundo as mesmas perplexidades, em matéria de saúde, família, realizações. Salientam-se fases de trabalho em que a luta é suposta invencível, com absoluto desânimo daqueles que te rodeiam, mas Deus providencia e segues, tranquilo, à frente.

Por mais áspera a crise, por maior a consternação, não percas o otimismo e trabalha, confiante.

Ouçamos, nós todos, a indicação de Jesus:
– "Tende fé em Deus."

163
No plano do bem

[...] Trabalhe, fazendo com as mãos o que é bom, para que tenha que repartir com o que tiver necessidade.
Paulo (*Efésios*, 4:28.)

Acreditas na fraternidade e esperas que ela reine sobre as criaturas sem a imposição de conflitos quaisquer.

Aspiras, como é natural, a viver num mundo sem rixa de classes.

Almejas a luz da nova era em que o homem seja espontaneamente o irmão do homem, liquidando, sem exigência, as dificuldades um do outro.

Dói-te ao coração ver o supérfluo e a penúria, lado a lado, estimulando a loucura do excesso e o martírio da fome.

Queres que a abastança suprima a carência.

Reclamas a melhoria do nível de vida, principalmente para os que choram em privação.

Para que o bem apareça, contudo, não aguardemos que semelhantes luzes venham inicialmente dos outros. Comecemos de nós, sem demandar com alguém ou contra alguém.

O Apóstolo Paulo, nesse sentido, nos ofereceu, há quase dois milênios, indicação das mais valiosas.

Cada um, diz ele, "trabalhe, fazendo com as mãos o que seja bom, para que tenha que repartir com o que tiver necessidade."

Sejamos honestos e reconheçamos com a verdade que se nos consagrarmos ao serviço, produzindo, de nós mesmos, o que seja proveitoso para o bem geral, cada um de nós terá o que dividir a benefício dos outros, sem a mínima ideia de queixa e sem qualquer motivo à rebelião.

164
Asseio verbal

Não saia da vossa boca nenhuma palavra torpe, mas só a que for boa para promover a edificação.
PAULO (*Efésios*, 4:29.)

Quanto mais se adianta a civilização, mais se amplia o culto à higiene.

Reservatórios são tratados, salvaguardando-se o asseio das águas.

Mercados sofrem fiscalização rigorosa, com vistas à pureza das substâncias alimentícias. Laboratórios são continuamente revistos, a fim de que não surjam medicamentos deteriorados.

Instalações sanitárias recebem, diariamente, cuidadosa assepsia.

Será que não devemos exercer cautela e diligência para evitar a palavra torpe, capaz de situar-nos em perturbação e ruína moral?

Nossa conversação, sem que percebamos, age por nós em todos aqueles que nos escutam.

Nossas frases são agentes de propaganda dos sentimentos que nos caracterizam o modo de ser; se respeitáveis, trazem-nos a atenção de criaturas respeitáveis; se menos dignas, carreiam em nossa direção o interesse dos que se fazem menos dignos; se indisciplinadas, nos sintonizam com representantes da indisciplina; se azedas, afinam-nos, de imediato, com os campeões do azedume.

Controlemos o verbo, para que não venhamos a libertar essa ou aquela palavra torpe. Por muito esmerada nos seja a educação, a expressão repulsiva articulada por nossa língua é sempre uma brecha perigosa e infeliz, pela qual perigo e infelicidade nos ameaçam com desequilíbrio e perversão.

165
Nos domínios da ação

Mas nada quis fazer sem o teu parecer, para que o teu benefício não fosse por obrigação, e sim de livre vontade.
Paulo (*Filêmon*, 1:14.)

Orgulha-se o homem de teres e haveres e costuma declarar, às vezes com excelentes razões, que os ajuntou à custa de esforço enorme... Entretanto, o Senhor é quem lhe emprestou os meios para adquiri-los, esperando que ele os administre sensatamente.

Envaidece-se da cultura intelectual e, frequentemente, assevera, em algumas circunstâncias com seguras justificativas, que deve os tesouros do pensamento aos sacrifícios que despendeu para estudar... Todavia, o Senhor é quem lhe confiou os valores da inteligência para que ele os abrilhante na construção da felicidade comum a todos.

Ensoberbece-se do poder de que dispõe, afirmando, em determinados casos não sem motivo, que efetuou semelhante aquisição a preço de trabalho e sofrimento... No entanto, é o Senhor quem lhe propiciou os recursos para a conquista da autoridade, na expectativa de que ele a exerça dignamente.

Ufana-se com respeito à saúde que usufrui e proclama, em certas ocasiões com base respeitável, que mantém a euforia orgânica a expensas de rigorosa disciplina pessoal... Contudo, o Senhor é quem lhe faculta os elementos essenciais de sustentação do próprio equilíbrio, a fim de que ele empregue o corpo no levantamento do bem geral.

Rejubila-te, pois, com as possibilidades de auxiliar, instruir, determinar e agir, mas, consoante o ensinamento do Apóstolo, não olvides que a bondade do Senhor vige nos alicerces de tudo o que tens e reténs, a fim de que te consagres ao serviço dos semelhantes, na edificação do Mundo Melhor, não como quem assim procede, através de constrangimento, mas de livre vontade.

166
No ato de orar

Qual dentre vós é o homem que se o filho lhe pede um pão lhe dará uma pedra?
Jesus (*Mateus*, 7:9.)

Um pai terrestre, conquanto as deficiências compreensíveis da condição humana, jamais oferece pedra ao filho que pede pão.

Certamente que, em lhe examinando essa ou aquela solicitação, considerará os imperativos de tempo, circunstância, necessidade ou lugar.

Se o filho é ainda criança, não lhe entrega dinamite para brincar, porque o menino formule a rogativa ensopando-se de lágrimas;

se o filho jaz perturbado, não lhe confere a direção da família, pelo fato de recolher-lhe petitórios comoventes;

se o filho, por várias vezes, deixou a casa em ruína, por desperdício delituoso, não lhe restituirá, de pronto, o governo dos assuntos domésticos, só pelo motivo de se ver rodeado de súplicas;

e, se o filho permanece atrasado no progresso escolar, não lhe autoriza regalos prolongados, unicamente porque lhe ouça enternecedores requerimentos.

Em hipótese alguma, aniquilará as esperanças dos descendentes, mas, no interesse deles próprios, lhe concederá isso ou aquilo, consultando-lhes a conveniência e a segurança, até que se ergam ao nível da madureza, responsabilidade, merecimento e habilitação, suscetíveis de lhes assegurar a liberdade de pedir o que desejem.

Isso acontece aos pais terrenos...

Desse modo, se experimentas desconfiança e inquietação, no ato de orar, simplesmente porque choras e sofres, lembra-te da compaixão e do discernimento que já presidem o lar humano e não descreias da perfeita e infinita misericórdia do Pai Celestial.

167
Legião

E perguntou-lhe: Qual é o teu nome? Respondeu ele: Legião é o meu nome, porque somos muitos.
(*Marcos*, 5:9.)

Consciências oneradas em culpas e desacertos de numerosas reencarnações, ser-nos-á justo ponderar a resposta do espírito conturbado e infeliz à pergunta do Mestre.

"Legião é o meu nome – disse ele –, porque somos muitos."

Iniludivelmente, ainda hoje, em nos aproximando do Senhor, reconhecemo-nos, não apenas afinados com vários grupos de companheiros tão devedores quanto nós, mas igualmente em lamentável dispersão íntima, qual se encerrássemos um feixe de personalidades contraditórias entre si.

Ao contato das lições de Jesus, é que, habitualmente, nos vemos versáteis e contraproducentes, qual ainda somos... Acreditamos na força da verdade, experimentando sérios obstáculos para largar a mentira; ensinamos beneficência, vinculados a profundo egoísmo; destacamos os méritos do sacrifício pela felicidade alheia, agarrados a vantagens pessoais; manejamos brandura em se tratando de avisos para os outros e estadeamos cólera imprevista se alguém nos causa prejuízo ligeiro; proclamamos a necessidade do espírito de serviço, reservando ao próximo tarefas desagradáveis; pelejamos pela paz nos lares vizinhos, fugindo de garantir a tranquilidade na própria casa; queremos que o irmão ignore os golpes do mal que lhe estraçalham a existência e estamos prontos a reclamar contra a alfinetada que nos fira de leve; salientamos o acatamento que se deve aos Desígnios Divinos e pompeamos exigências disparatadas, em se apresentando o menor de nossos caprichos.

Sim, de modo geral, somos individualmente, diante de Jesus, a legião dos erros que já cometemos no pretérito e dos erros que cultivamos no presente, dos erros que assimilamos e dos erros que aprovamos para nos acomodarmos às situações que nos favoreçam.

168
Teste

Jesus, porém, não lho permitiu, mas ordenou-lhe: vai para tua casa, para os teus. Anuncia-lhes tudo o que o Senhor te fez e como teve compaixão de ti.
(*Marcos*, 5:19.)

A exortação de Cristo ao obsidiado, restituído ao próprio equilíbrio, dá que pensar.

Jesus, inicialmente, não lhe permite acompanhá-lo, no apostolado das Boas-Novas, alardeando, de público, a alegria de que se vê possuído. Ao invés de júbilos antecipados, recomenda-lhe o retorno ao ambiente caseiro, para revelar aos familiares os benefícios de que se fizera depositário, ante a Providência Divina.

Indiscutivelmente, com semelhante lição, impele-nos o Senhor a reconhecer que é no círculo mais íntimo, seja no lar ou na profissão, que nos cabe patentear a solidez das virtudes adquiridas. Isso porque anunciar princípios superiores, através da aplicação prática à renovação e ao aperfeiçoamento que nos impõem, diante daqueles que nos conhecem as deficiências e falhas, é a fórmula verdadeira de testar a nossa capacidade de veiculá-los, com êxito, em plano mais vasto e mais elevado.

A indicação não deixa dúvidas.

Se já nos aproximamos do Cristo, assimilando-lhes as mensagens de vida eterna, procuremos comunicá-las, pelo idioma do exemplo, primeiramente aos nossos, aos que nos compartilham as maneiras e os hábitos, as dificuldades e as alegrias. Se aprovados na escola doméstica, onde somos mais rigorosamente policiados, quanto ao aproveitamento real dos ensinamentos nobilitantes que admitimos e apregoamos, decerto que nos acharemos francamente habilitados para o testemunho do Senhor, junto da Humanidade, nossa família maior.

169
Testemunho doméstico

Por isso, enquanto tivermos oportunidade, façamos o bem a todos, mas principalmente aos da família da fé.
Paulo (*Gálatas*, 6:10.)

Decerto que o Apóstolo Paulo, em nos recomendando carinho especial para com a família da nossa fé, mantinha em vista a obrigação inarredável da assistência imediata aos que convivem conosco.

Se não formos úteis e compreensivos, afáveis e devotados, junto de alguns companheiros, como testemunhar a vivência das lições de Jesus, diante da Humanidade?

Admitimos, porém, à luz da Doutrina Espírita, que o aviso apostólico se reveste de significação mais profunda. É que, entre os nossos domésticos, estão particularmente os laços de existências passadas, muitos deles reclamando reajuste e limpeza.

Na equipe dos familiares do dia a dia formam, comumente, aqueles espíritos que, por força de nossos compromissos do pretérito, nos fiscalizam, criticam, advertem e experimentam.

Sempre fácil dar boa impressão a quem não prive intimamente conosco. Num gesto ou numa frase, arrancamos, de improviso, o aplauso ou a admiração de quantos nos encontram exclusivamente na paisagem escovada dos atos sociais. Diante dos amigos que se despedem de nós, depois de uma solenidade ou de qualquer encontro formal, nada difícil cairmos desastradamente sob a hipnose da lisonja, com que se pretende exagerar as nossas virtudes de superfície.

Examinemos, contudo, as nossas conquistas morais, demonstrando-as perante aqueles que nos conhecem os pontos fracos.

Não nos iludamos.

Façamos o bem a todos, mas provemos a nós mesmos, se já somos bons, fazendo o bem, a cavaleiro de todos os embaraços, diante daqueles que diariamente nos acompanham a vida, policiando o nosso comportamento entre o bem e o mal.

170
Conta pessoal

Assim pois cada um de nós dará contas de si mesmo a Deus.
Paulo (*Romanos*, 14:12.)

Se te propões à renovação com o Cristo, é imperioso suportes, pacientemente, as opiniões contraditórias em torno da diretriz diferente a que te afeiçoes.

Se algum erro te assinala o passado, muitos te acreditarão de pés chumbados à sombra que, há muito, já desterraste do espírito; se expressas algum voto de melhoria íntima, não obstante as deficiências naturais que ainda te marquem o início no aprendizado evangélico, há quem te exija espetáculos de grandeza, de um instante para outro; se te dispões a trabalhar no auxílio aos semelhantes, de modo mais intenso, há quem veja desperdício em teus gestos de generosidade e beneficência; se nada mais podes dar ao necessitado além da migalha de tuas escassas reservas materiais, aparece quem te acuse de sovinice; se te corriges decididamente perante a verdade com o propósito de servi-la, há quem te interprete a espontaneidade por fanatismo; se te recolhes à gentileza e à serenidade, na execução da tarefa que o serviço do Senhor te atribui, surge quem te aponte por exemplar de pieguice ou indolência...

Apesar de todos os palpites antagônicos, acerca de teu esforço e conduta, entra no imo da própria alma, observa se a sinceridade te preside as resoluções e os atos, no foro da consciência e, se te reconheces, diante do Senhor, fazendo o melhor que podes, guarda o coração tranquilo e prossegue, de esforço limpo e atitude reta, caminho adiante, na convicção de que "cada um de nós dará conta de si mesmo a Deus".

171
Paciência em estudo

É na vossa paciência que ganhareis as vossas almas.
Jesus (*Lucas*, 21:19.)

Todos necessitamos de paciência uns para com os outros, mas compete-nos igualmente a todos estudar a paciência em sua função educativa.

Paciência!

É serenidade; calma, porém, não é aprovação ao desequilíbrio.

É compreensão; entendimento, no entanto, não é passaporte ao abuso.

É harmonização; ajuste, todavia, não é apoio à delinquência.

É tolerância; brandura, entretanto, não é coonestação com o erro deliberado.

Paciência, sobretudo, é a capacidade de verificar a dificuldade ou o desacerto nas engrenagens do cotidiano, buscando a solução do problema ou a transposição do obstáculo, sem toques de alarde e sem farpas de irritação.

Em todos os aspectos da paciência, recordemos Jesus.

O Mestre foi, no mundo, o paradigma de semelhante virtude, mas não foi conformista. Nunca se apassivou diante do mal, conquanto lhe suportasse as manifestações, diligenciando meios de tudo renovar para o bem; e, em lhe lembrando a sinceridade e a franqueza, não nos será lícito esquecer que o Cristo se revelou tão paciente que não hesitou em regressar, depois da morte, ao convívio das criaturas humanas que o haviam abandonado. Ainda assim, é forçoso reconhecer que Ele se materializou perante os discípulos que, em maioria, podiam ser iletrados e medrosos, mas suficientemente sinceros para continuar-lhe a obra libertadora, e não diante dos fariseus, altamente intelectualizados e profundos conhecedores das revelações divinas, mas habitualmente atolados em conveniências e preconceitos e, por isso mesmo, capazes de omitir a verdade e estabelecer a perturbação.

172
Oração e cooperação

Quando quiserdes orar, entrai para o vosso quarto e, cerrada a porta, orai a vosso Pai em secreto; e vosso Pai que vê o que se passa em secreto vos recompensará.
Jesus (*Mateus*, 6:6.)

Se a resposta que esperamos à oração parece tardia, habitualmente nos destemperamos em amargura.

Proclamamos haver hipotecado todas as forças de espírito à confiança na Providência Divina e gritamos, ao mesmo tempo, que as tribulações ficaram maiores.

Dizemo-nos fiéis a Deus e afirmamo-nos esquecidos.

Convém observar, porém, que a provação não nos alcança de maneira exclusiva.

As nossas dificuldades são as dificuldades de nosso grupo.

Familiares e companheiros sofrem conosco o impacto das ocorrências desagradáveis, tanto quanto a fricção do cotidiano pela sustentação da harmonia comum.

Se para nós, que nos asseveramos alicerçados em conhecimento superior, as mortificações do caminho assumem a feição de suplícios lentos, que não serão elas para aqueles de nossos entes queridos, ainda inseguros da própria formação espiritual?

Compreendemos que, se na extinção dos nossos problemas pequeninos, requisitamos o máximo de proteção ao Senhor, é natural que o Senhor nos peça o mínimo de concurso na supressão dos grandes infortúnios que abatem o próximo.

Em quantos lances embaraçosos, somos, de fato, a pessoa indicada à paciência e à tolerância, ao entendimento e ao serviço?

Com semelhante raciocínio, reconhecemos que a pior atitude, em qualquer adversidade, será sempre aquela da dúvida ou da inquietação que venhamos a demonstrar.

Em supondo que a solução do Alto demora a caminho, depois de havermos rogado o favor da Infinita Bondade, recordemos que se a hora de crise é o tempo de luta, é também a ocasião para os melhores testemunhos de fé; e que se exigimos o amparo do Senhor, em nosso benefício, é perfeitamente justo que o Senhor nos solicite algum amparo, em favor dos que se afligem, junto de nós.

173
Rixas e queixas

De uma só boca procede bênção e maldição. Meus irmãos, não é conveniente que estas cousas sejam assim.
(*Tiago*, 3:10.)

Julgamos comumente que os problemas de justiça apenas se manifestam, quando questões graves nos levam a tribunal.

Justiça, porém, é assunto palpitante de todos os dias e, a cada hora, precisamos dela para a garantia da paz, quanto necessitamos de ar para a sustentação da existência.

Nos mínimos atos, usamos justiça para assegurar a harmonia geral.

Conhecemos a significação do lugar que ocupamos numa fila simples e sabemos respeitá-lo para a conservação da ordem.

Todos estamos acordes em obedecer, espontaneamente, aos preceitos do trânsito, conformando-nos às paradas indispensáveis para segurança da via pública.

Não ignoramos a obrigação de acatar as advertências que regem o emprego da energia elétrica em aparelho determinado, a fim de que não venhamos a comprometer a integridade doméstica.

Em sã consciência, ninguém desdenhará os direitos do vizinho, se não deseja os seus próprios direitos menosprezados.

Lembramo-nos de semelhantes imagens do cotidiano para recordar que em nossas indisposições e ressentimentos, há que pensar igualmente na tranquilidade dos outros, de todos aqueles que nos partilham a experiência diária, a fim de que não venhamos a furtar-lhes a esperança e a coragem, golpeando-lhes o ânimo e conturbando-lhes o serviço.

Evitemos rixas e queixas.

Para resguardar o equilíbrio da vida coletiva e da vida caseira, atendemos a instruções e sinais, regulamentos e avisos, baseados na experiência dos homens, e para imunizar-nos a vida íntima contra distúrbios e prejuízos concedeu-nos a Divina Providência o controle do pensamento e o governo da língua.

174
Amigos de Jesus

Vós sois meus amigos se fizerdes o que eu vos mando.
Jesus (*João*, 15:14.)

Em toda parte, Cristo possui:

legiões de admiradores, mas os tiranos da Humanidade também as adquiriram;

multidões de partidários, entanto, os verdugos de nações igualmente as tiveram;

grupos de incensadores, todavia os promotores das guerras de assalto e de extermínio também lhes conheceram a adulação;

filas de defensores intransigentes, contudo, os inimigos do progresso igualmente as enumeraram junto de si;

assembleias de analistas, no entanto, os chefes transviados, que passaram nas eminências da História, ainda hoje contam com elas.

Jesus, até agora, é cercado entre os povos mais cultos da Terra de inúmeros crentes e fanáticos, seguidores e intérpretes, adoradores e adversários, mas os empreiteiros da desordem e da crueldade também os encontram.

Fácil reconhecer que os comandantes da perturbação e da delinquência não conhecem amigos, de vez que o tempo se incumbe de situá-los no ponto certo que lhes cabe na vida, extinguindo a hipnose de ilusão com que se jungem aos companheiros. Cristo, porém, dispõe de amigos reais, que se multiplicam em todas as regiões do planeta terrestre, à medida que os séculos se lhe sobrepõem à crucificação. E esses amigos que existem, no seio de todas as filosofias e crenças, não se distinguem tão-só por legendas exteriores, mas, acima de tudo, porque se associam a Ele, em espírito e verdade, entendendo-lhe as lições e praticando-lhe os ensinos.

175
No convívio do Cristo

Se me amais, guardareis os meus mandamentos.
JESUS (*João*, 14:15.)

Sem dúvida que são várias as atitudes pelas quais denotamos a nossa posição, diante do Cristo.

Ser-nos-á sempre fácil:

admitir-lhe a grandeza e tributar-lhe honrarias;
estudar-lhe as lições e transmitir-lhe os ensinos;
apaixonar-nos por seu apostolado e exaltar-lhe a personalidade nos valores artísticos;
aceitar-lhe as revelações e defendê-lo com veemência;
receber-lhe as concessões e entoar-lhe louvores;
identificar-lhe o poder e respeitar-lhe a influência;
reconhecer-lhe a bondade e formar, no culto a Ele, entre os melhores adoradores;
perceber-lhe a tolerância e abusar-lhe do próprio nome...

Tudo isso, realmente, ser-nos-á possível, sem o menor constrangimento, no campo das manifestações exteriores.

Entretanto, para usufruir a intimidade de Jesus e senti-lo no coração, é imprescindível amá-lo, compartilhando-lhe a obra e a vida. Eis por que o Divino Mestre foi claro e insofismável, quando asseverou para os aprendizes que tão somente os que o amem saberão trilhar-lhe o caminho e guardar-lhe os mandamentos.

176
No dia da incerteza

Nós, porém, temos a mente de Cristo.
Paulo (*I Coríntios*, 2:16.)

Para qualquer de nós, chega o minuto das grandes hesitações.

Trabalhamos, por tempo enorme, no encalço de determinada realização e eis que, de chofre, todo o nosso esforço parece perdido...

Buscávamos diretrizes no exemplo de alguém, que aceitávamos como possuindo bastante virtude para guiar-nos a vida e esse alguém falha desastradamente no instante preciso em que mais lhe requisitamos as luzes...

Contávamos com certos recursos para o atendimento a compromissos diversos e esses recursos como que se evaporam, deixando-nos amarguradamente frustrados...

Retínhamos elementos valiosos que nos garantiam segurança e tranquilidade e, por circunstâncias inelutáveis, nos vemos privados deles, largados à prova, sem alegria e sem direção...

Todos somos surpreendidos pelo dia nublado de incerteza em que nos reconhecemos perplexos.

Por dentro, ansiedade; por fora, consternação...

Não nos sintamos, porém, sozinhos.

Dispomos da mente de Cristo, o Divino Mestre da Alma.

Roguemos a Jesus caminho e sustento.

A hora da incerteza é, sobretudo, a hora da prece.

Quando a sombra chega é o momento de fazer luz.

177
Na esfera do reajuste

Não te admires de eu te dizer: importa-vos nascer de novo.
Jesus (*João*, 3:7.)

Empeços e provações serão talvez os marcos que te assinalem a estrada hoje.

Diligenciemos, porém, com a reencarnação a retificar os erros e a ressarcir os débitos de ontem, para que a luz da verdade e o apoio da harmonia nos felicitem o caminho, amanhã...

A questão intrincada que te apoquenta agora, quase sempre, é o problema que abandonaste sem solução, entre os amigos que, em outro tempo, se rendiam, confiantes, ao teu arbítrio.

O parente complicado que julgas carregar, por espírito de heroísmo, via de regra, é a mesma criatura que, em outra época, arrojaste ao desespero e à perturbação.

Ideais nobilitantes pelos quais toleras agressões e zombarias, considerando-te incompreendido seareiro do progresso, em muitas ocasiões, são aqueles mesmos princípios que outrora espezinhaste, insultando a sinceridade dos companheiros que a eles se associavam.

Calúnias que arrostas, crendo-te guindado aos píncaros da virtude pela paciência que evidencias, habitualmente nada mais são que o retorno das injúrias que assacaste, noutras eras, contra irmãos indefesos.

Falhas do passado procuram-te o espírito responsável, seja no corpo, na família, na sociedade ou na profissão, pedindo-te reajuste.

"Necessário vos é nascer de novo" – disse-nos Jesus.

Bendizendo, pois, a reencarnação, empenhemo-nos a trabalhar e aprender, de novo, com atenção e sinceridade, para que venhamos a construir e acertar em definitivo.

178
Adversários e delinquentes

Reconcilia-te depressa com o teu adversário,
enquanto estás a caminho com ele [...].
Jesus (*Mateus*, 5:25.)

Jesus nos solicitou a imediata reconciliação com os adversários, para que a nossa oração se dirija a Deus, escoimada de qualquer sentimento aviltante.

Não ignoramos que os adversários são nossos opositores ou, mais propriamente, aqueles que alimentam pontos de vista contrários aos nossos. E muitos deles, indiscutivelmente, se encontram em condições muito superiores às nossas, em determinados ângulos de serviço e merecimento. Não nos cabe, assim, o direito de espezinhá-los e sim o dever de respeitá-los e cooperar com eles, no trabalho do bem comum, embora não lhes possamos abraçar o quadro integral das opiniões.

Há companheiros, porém, que, atreitos ao comodismo sistemático, a pretexto de humildade, se ausentam de qualquer assunto em que se procura coibir a dominação do mal, esquecidos de que os nossos irmãos delinquentes são enfermos necessitados de amparo e intervenção compatíveis com os perigos que apresentem para a comunidade.

Todos aqueles que exercem algum encargo de direção sabem perfeitamente que é preciso velar em defesa da obra que a vida lhes confiou.

Imperioso manter-nos em harmonia com todos os que não pensam por nossos princípios, entretanto, na posição de criaturas responsáveis, não podemos passar indiferentes diante de um irmão obsidiado, que esteja lançando veneno em depósitos de água destinada à sustentação coletiva.

Necessitamos acatar os condôminos do edifício que nos serve de residência, toda vez que não consigam ler os problemas do mundo pela cartilha de nossas ideias, todavia, não será justo desinteressar-nos da segurança geral, se vemos um deles ateando fogo no prédio.

Vivamos em paz, contudo, sem descurar das responsabilidades que o discernimento nos atribui. Com isso, não queremos dizer que se deva instalar a discórdia, em nome da corrigenda, mas sim que é obrigação preservar a ordem nas áreas de trabalho, sob nossa jurisdição, usando clareza e ponderação, caridade e prudência.

Cristo, em verdade, no versículo 25 do capítulo 5, do Evangelho de Mateus, nos afirma: "reconcilia-te depressa com o teu adversário", mas no versículo 2 do capítulo 16, do Evangelho de Lucas, não se esqueceu de acrescentar: "dá conta de tua mordomia".

179
Discernir e corrigir

[...] com o critério com que julgardes sereis julgados; e com a medida com que tiverdes medido vos medirão também.
Jesus (*Mateus*, 7:2.)

Viste o companheiro em necessidade e comentaste-lhe a posição...

Possuía ele recursos expressivos e, talvez por imprevidência, caiu em penúria dolorosa...

Usufrui conhecimentos superiores e feriu-te a sensibilidade por arrojar-se em terríveis despenhadeiros do coração que, às vezes, os últimos dos menos instruídos conseguem facilmente evitar...

Detinha oportunidades de melhoria, com as quais milhares de criaturas sonham debalde e procedeu impensadamente, qual se não retivesse as vantagens que lhe brilham nas mãos...

Desfruta ambiente distinto, capaz de guindá-lo às alturas e prefere desconhecer as circunstâncias que o favorecem, mergulhando-se na sombra das atitudes negativas...

Mantinha valiosas possibilidades de elevação espiritual, no levantamento de apostolados sublimes, e emaranhou-se em tramas obsessivas que lhe exaurem as forças...

Tudo isso, realmente, podes observar e referir.

Entra, porém, na esfera do próprio entendimento e capacita-te de que te não é possível a imediata penetração no campo das causas.

Ignoramos qual teria sido o nosso comportamento na trilha do companheiro em dificuldade, com a soma dos problemas que lhe pesam no espírito.

Não te permitas, assim, pensar ou agir, diante dele, sem que a fraternidade te comande as definições.

Ainda mesmo no esclarecimento absoluto que, em casos numerosos, reclama austeridade sobre nós mesmos, é possível propiciar o remédio da franqueza a doentes da alma pelo veículo da compaixão, como se administra piedosamente a cirurgia aos acidentados.

Se conseguimos discernir o bem do mal, é que já conhecemos o mal e o bem, e se o Senhor nos permite identificar as necessidades alheias, é porque, de um modo ou de outro, já podemos auxiliar.

180
Deus te abençoa

Também, irmãos, vos fazemos conhecer a graça de Deus [...].
PAULO (*II Coríntios*, 8:1.)

Acreditas-te frágil, mas Deus te suprirá de energias.

Reconheces a própria limitação, mas Deus te conferirá crescimento.

Afirmas-te sem ânimo, mas Deus te propicia coragem.

Declaras-te pobre, mas dispões das riquezas infinitas de Deus.

Entendamos, porém, que o processo de assimilar os recursos divinos será sempre o serviço prestado aos outros.

Não alegues, assim, fraqueza, inaptidão, desalento ou penúria para desistir do lugar que te cabe no edifício do bem.

Pela hora de otimismo com que amparas o trabalho dos companheiros, Deus te abençoa.

Pelo gesto silencioso com que escoras o equilíbrio geral, Deus te abençoa.

Pela frase caridosa e esclarecedora com que asseguras o entendimento fraterno, Deus te abençoa.

Pela migalha de socorro ou de tempo que despendes no apoio aos necessitados, Deus te abençoa.

Pela atitude de tolerância e serenidade, à frente da incompreensão, Deus te abençoa.

Convivemos, sem dúvida, com almas heroicas, habilitadas aos mais altos testemunhos de fé em Deus, através do sacrifício pela felicidade dos semelhantes, mas Deus que abençoa o rio capaz de garantir as searas do campo, abençoa também a gota de orvalho que ameniza a sede da rosa.

Se erros e desacertos nos marcaram a estrada até ontem, voltemo-nos para Deus com sinceridade, refazendo a esperança e suportando sem mágoa, as acusações do caminho.

O homem, às vezes, passa enojado, à frente do charco, sem perceber que Deus alentou no charco os lírios que lhe encantam a mesa.

À face disso, se alguém te censura, ouve com paciência. Se existe sensatez na repreensão, aproveita o conselho; se for injusto o reproche, conserva a alma tranquila, na limpeza da consciência.

Em qualquer dificuldade, arrima-te à confiança, trabalhando e servindo com alegria, na certeza invariável de que Deus te abençoa e te vê.

Índice das obras por capítulos e versículos[6]

Capítulo Versículo	Capítulo Obra
Mateus	
1:21	174 VL
4:4	18 FV
4:25	144 FV
5:1	104 FV
5:2	17 VL
5:7	69 PVE
5:9	70 PVE
5:9	79 PVE
5:14	76 CVV
5:14	105 FV
5:15	81 FV
5:16	180 CVV
5:16	13 PVE
5:16	159 VL
5:20	112 PVE
5:20	161 VL
5:25	120 PN
5:25	111 PVE
5:25	178 PVE
5:37	80 PN
5:39	62 VL
5:39	63 VL
5:44	16 PVE
5:44	41 VL
5:46	96 FV
5:47	60 VL
6:6	172 PVE
6:9	77 FV
6:9	164 FV
6:13	57 VL
6:14	135 FV
6:20	177 FV
6:20	156 PN
6:22	71 PVE
6:25	8 PVE
6:31	86 VL
6:33	18 VL
6:34	152 VL
7:2	76 PVE

Capítulo Versículo	Capítulo Obra
7:2	179 PVE
7:3	113 FV
7:3	35 PVE
7:6	93 VL
7:9	166 PVE
7:12	66 PVE
7:16	7 FV
7:20	122 CVV
7:24	9 PN
8:3	37 PVE
8:3	147 PVE
8:22	143 FV
9:11	137 CVV
9:16	1 PVE
9:35	51 PN
9:37	148 PN
10:14	71 PN
10:25	103 CVV
10:34	104 CVV
11:15	72 PVE
11:28	172 CVV
11:28	5 FV
11:29	130 PN
12:20	162 CVV
13:3	64 FV
13:8	51 PVE
13:30	107 VL
13:38	68 VL
14:19	91 VL
14:23	6 CVV
15:18	97 VL
17:9	128 CVV
18:8	108 CVV
18:10	157 FV
18:33	20 CVV
19:6	164 CVV
19:22	149 CVV
19:26	33 PVE
19:27	22 FV
19:29	154 CVV
20:4	29 PN

Capítulo Versículo	Capítulo Obra
20:22	65 CVV
20:28	4 PN
22:39	41 CVV
24:13	36 PN
24:16	140 CVV
24:20	113 VL
24:28	32 PN
24:42	132 VL
25:15	7 PVE
25:25	132 FV
25:40	137 FV
26:22	12 PVE
26:23	104 VL
26:27	19 PVE
26:40	88 CVV
26:41	110 FV
26:50	90 CVV
26:56	94 VL
26:58	89 CVV
27:4	91 PN
27:8	91 CVV
27:22	100 VL
27:23	70 FV
27:42	46 FV
28:19-20	116 FV
28:20	83 PVE
28:20	149 PVE
Marcos	
1:20	153 FV
1:24	144 CVV
1:38	38 CVV
2:27	30 PN
2:4	118 CVV
3:5	174 FV
3:23	146 CVV
4:15	25 PN
4:17	180 VL
4:19	40 VL
4:28	102 CVV
4:32	35 CVV

---

[6] N.E.: Abreviaturas utilizadas: CVV: Caminho, verdade e vida; PN: Pão nosso; VL: Vinha de luz; FV: Fonte viva; PVE: Palavras de vida eterna.

Capítulo Versículo	Capítulo Obra	Capítulo Versículo	Capítulo Obra	Capítulo Versículo	Capítulo Obra
4:33	143 PN	6:30	106 CVV	15:29	157 PN
5:9	143 CVV	6:35	137 PN	15:29	98 PVE
5:9	167 PVE	6:38	72 PN	16:2	75 FV
5:19	168 PVE	6:44	121 CVV	16:9	111 PN
5:19	111 VL	6:46	47 CVV	16:9	112 PN
5:23	153 CVV	7:22	144 PVE	16:13	142 CVV
6:31	147 FV	8:13	124 CVV	16:29	116 PN
6:31	34 PN	8:17-18	52 PVE	17:20	107 CVV
6:31	152 PVE	8:25	40 CVV	17:21	177 VL
6:32	168 CVV	8:28	19 PN	17:23	19 CVV
6:37	131 FV	8:48	113 PN	17:31	134 VL
6:37	11 PVE	9:20	161 PN	18:1	61 FV
6:56	70 CVV	9:23	15 PVE	18:41	44 CVV
7:7	37 CVV	9:26	51 VL	18:43	34 VL
8:2	6 VL	9:28	105 CVV	19:13	2 VL
8:3	124 PN	9:30	67 CVV	19:42	38 PN
8:5	133 FV	9:35	32 CVV	19:48	47 VL
8:5	9 PVE	9:44	70 VL	21:13	71 CVV
8:11	145 VL	9:53	175 FV	21:19	171 PVE
8:34	74 PVE	9:62	3 PN	21:34	23 VL
8:36	58 CVV	10:3	144 VL	22:12	144 PN
8:36	6 PVE	10:5	108 PVE	22:27	59 VL
8:36	73 PVE	10:6	65 VL	22:32	15 CVV
9:24	123 PN	10:9	44 PN	22:32	45 VL
9:35	56 VL	10:20	145 CVV	22:42	151 PVE
10:43	155 CVV	10:28	157 CVV	22:46	87 CVV
10:45	82 FV	10:29	126 FV	23:26	140 FV
10:50	98 CVV	10:41	3 VL	23:31	82 CVV
10:51	89 FV	10:42	32 FV	23:34	38 FV
11:12	162 PVE	11:1	167 CVV	23:34	61 PVE
11:25	45 PN	11:3	174 CVV	23:43	81 PN
12:17	102 PN	11:9	109 PN	24:11	9 VL
12:27	42 PN	11:10	109 CVV	24:16	95 CVV
12:29	105 PN	11:11	166 VL	24:35	129 PN
12:38	28 CVV	11:13	63 PN	24:48	161 CVV
13:11	65 PVE	11:28	70 PN		
13:33	87 VL	11:35	33 VL	**João**	
14:38	3 PVE	11:41	60 FV	1:5	106 FV
15:17	96 CVV	12:15	165 CVV	1:23	16 CVV
15:21	103 PN	12:15	52 VL	1:38	22 CVV
15:30	94 CVV	12:20	56 CVV	2:5	171 CVV
15:30	25 PVE	12:20	35 VL	2:25	109 FV
15:32	131 PN	12:21	120 FV	3:3	56 FV
16:7	67 VL	12:26	31 CVV	3:7	110 CVV
16:16	163 CVV	12:34	64 CVV	3:7	177 PVE
16:17	174 PN	13:24	20 VL	3:10	111 CVV
Lucas		13:26	34 CVV	3:12	136 CVV
1:79	85 VL	13:33	20 PN	3:16	60 PVE
2:14	180 FV	14:10	39 PN	3:30	76 VL
2:49	27 CVV	14:10	43 PN	3:34	2 PVE
3:13	19 VL	14:18	128 PVE	4:34	42 VL
3:14	5 PN	14:21	127 PVE	4:35	10 VL
3:17	90 PN	14:27	58 FV	5:17	4 CVV
4:21	141 CVV	14:27	18 PVE	5:29	127 PN
5:4	21 PN	14:35	121 PN	5:30	101 CVV
5:31	28 FV	15:17	88 FV	5:40	36 FV
6:19	110 PN	15:17	24 PN	6:10	25 CVV
6:22	89 PN	15:18	13 FV	6:12	171 PN
6:26	80 CVV	15:20	97 PVE	6:30	92 FV
				6:32	173 VL

Palavras de vida eterna

Capítulo Versículo	Capítulo Obra	Capítulo Versículo	Capítulo Obra	Capítulo Versículo	Capítulo Obra
6:48	134 PVE	15:7	59 PN	9:18	149 VL
6:60	176 CVV	15:7	64 PVE	9:41	33 FV
6:63	118 PVE	15:8	45 FV	10:15	23 FV
6:68	59 FV	15:8	17 PVE	10:29	54 PN
6:68	151 PN	15:13	86 CVV	11:24	12 VL
6:70	164 PN	15:14	135 PVE	12:10	100 CVV
7:6	73 CVV	15:14	174 PVE	14:10	79 CVV
7:20	177 CVV	16:1	101 VL	14:15	33 PN
8:4	85 PN	16:3	128 PN	14:22	159 PN
8:5	43 CVV	16:4	114 VL	15:29	126 CVV
8:11	50 PN	16:7	125 PN	16:9	160 CVV
8:12	166 FV	16:20	93 CVV	16:31	88 VL
8:12	146 VL	16:24	66 CVV	17:32	114 PN
8:32	173 FV	16:27	150 PN	19:2	14 FV
8:32	130 PVE	16:32	170 CVV	19:2	87 FV
8:35	125 CVV	16:33	136 PVE	19:5	158 CVV
8:38	12 CVV	16:33	155 VL	19:11	74 CVV
8:43	48 FV	17:14	169 CVV	19:15	63 CVV
8:45	78 FV	17:15	30 CVV	20:35	117 FV
8:58	133 CVV	17:15	162 FV	21:13	119 PN
9:4	127 CVV	17:17	139 VL	22:10	112 FV
9:25	95 FV	17:18	180 PN	22:16	147 CVV
9:27	37 PN	18:11	114 FV	26:24	49 PN
10:7	172 FV	18:34	85 CVV	**ROMANOS**	
10:7	115 PN	18:36	133 PN	1:17	23 CVV
10:9	178 CVV	19:5	127 FV	1:20	55 PN
10:10	166 CVV	20:1	168 PN	2:6	101 PVE
10:10	104 PVE	20:16	92 CVV	2:10	42 CVV
10:25	2 PN	20:19	9 CVV	3:13	51 FV
11:9	153 PN	20:19	47 PVE	3:16	27 FV
11:23	151 VL	20:20	179 FV	5:3	119 VL
11:44	112 CVV	20:21	53 CVV	5:3	142 VL
11:44	75 PVE	20:21	165 VL	6:23	122 VL
12:10	61 VL	20:22	11 VL	7:10	16 FV
12:11	113 CVV	20:24	100 FV	7:21	136 PN
12:26	11 CVV	21:6	21 CVV	8:9	170 FV
12:35	6 PN	21:17	97 CVV	8:9	160 PVE
12:40	139 CVV	21:17	19 FV	8:9	168 VL
12:43	33 CVV	21:22	2 CVV	8:13	78 PN
13:8	5 CVV	21:22	89 PVE	8:13	82 PN
13:17	49 CVV	**ATOS**		8:17	120 VL
13:34	179 CVV	1:8	173 PN	8:31	154 PN
13:35	15 FV	2:13	103 VL	10:11	13 VL
13:35	63 FV	2:17	10 CVV	11:23	78 FV
14:1	36 PVE	2:21	129 VL	12:2	107 FV
14:2	44 FV	2:42	39 VL	12:2	167 PN
14:6	175 VL	2:47	29 PVE	12:2	31 PVE
14:6	176 VL	3:6	106 PN	12:2	131 PVE
14:10	117 PVE	3:19	13 PN	12:2	158 PVE
14:15	175 PVE	4:31	149 FV	12:15	92 PVE
14:27	46 PVE	4:31	98 VL	12:16	118 FV
14:27	56 PVE	4:33	176 PN	12:20	166 PN
14:27	57 PVE	5:15	172 PN	12:21	35 FV
14:22	134 CVV	5:16	175 PN	12:21	10 PVE
14:27	105 VL	8:31	175 CVV	12:21	30 PVE
14:31	84 CVV	9:5	150 CVV	13:7	150 VL
15:4	103 PVE	9:6	39 CVV	14:6	1 CVV
15:5	55 CVV	9:10	17 FV	14:7	154 FV
15:5	146 FV	9:16	125 VL	14:10	40 PVE

Francisco Cândido Xavier / Emmanuel

Capítulo Versículo	Capítulo Obra	Capítulo Versículo	Capítulo Obra	Capítulo Versículo	Capítulo Obra
14:12	50 CVV	15:19	123 CVV	6:1	37 FV
14:12	102 PVE	15:33	74 PN	6:4	82 PVE
14:12	170 PVE	15:37	7 PN	6:7	160 FV
14:14	94 PN	15:44	171 VL	6:7	110 PVE
14:15	83 PN	15:51	158 VL	6:8	53 VL
14:19	24 VL	15:58	69 FV	6:9	124 FV
14:22	14 CVV	15:58	44 PVE	6:9	82 VL
15:1	46 PN	15:58	115 PVE	6:10	129 PVE
15:4	75 VL	16:13	90 FV	6:10	145 PVE
16:20	27 PN	16:14	31 PN	6:10	169 PVE
I Coríntios		**II Coríntios**		**Efésios**	
1:17	138 PN	1:12	119 CVV	4:1	126 VL
1:18	97 FV	1:12	155 PVE	4:3	49 FV
1:19	164 VL	2:1	156 PVE	4:7	25 FV
1:23	7 VL	3:3	114 CVV	4:15	146 PN
2:12	106 VL	3:16	26 VL	4:20	159 CVV
2:16	176 PVE	4:5	55 FV	4:23	67 FV
3:2	121 VL	4:7	21 PVE	4:23	90 PVE
3:6	138 CVV	4:7	43 PVE	4:28	142 FV
3:9	68 FV	4:7	88 PVE	4:28	163 PVE
3:9	48 VL	4:8	102 VL	4:29	45 CVV
3:13	18 PN	4:16	62 FV	4:29	164 PVE
3:16	30 FV	4:16	141 FV	4:31	59 PVE
4:2	115 FV	4:16	169 FV	4:32	14 PVE
4:2	124 PVE	4:18	168 FV	4:32	38 VL
4:9	57 FV	5:10	Pref. PN	5:8	143 PVE
4:19	72 VL	5:14	74 FV	5:8	160 VL
4:21	152 PN	5:17	7 CVV	5:11	67 PN
5:6	76 FV	5:17	125 PVE	5:14	66 FV
5:6	108 FV	5:20	115 CVV	5:14	68 PN
5:7	64 VL	6:4	132 PN	5:20	91 PVE
6:7	142 PN	6:2	150 PVE	5:20	113 PVE
6:13	172 VL	6:2	153 PVE	5:28	93 PN
8:1	152 CVV	6:16	138 VL	5:33	137 VL
8:2	44 VL	7:2	126 PVE	6:1	136 VL
9:22	72 FV	7:2	147 VL	6:4	135 VL
9:26	26 PVE	7:9	153 VL	6:6	4 VL
9:27	158 PN	7:10	130 CVV	6:7	29 FV
10:7	52 PN	8:1	180 PVE	6:10	111 FV
10:23	28 PN	9:7	58 PN	6:12	160 PN
11:19	36 CVV	10:7	65 FV	6:13	115 VL
12:4	4 FV	12:7	126 PN	6:16	141 VL
12:4	42 PVE	12:15	53 FV	6:17	140 VL
12:6	96 VL	13:5	99 VL	6:20	53 PN
12:7	162 PN	13:7	78 PVE	**Filipenses**	
12:27	157 PVE	13:10	32 VL	1:9	91 FV
12:27	148 VL	13:11	123 FV	1:9	116 VL
12:31	54 FV	**Gálatas**		1:29	104 PN
13:4	93 PVE	1:10	47 PN	1:30	178 PN
13:4	94 PVE	2:8	35 PN	2:3	3 CVV
13:4	163 VL	3:3	155 PN	2:5	2 FV
13:7	32 PVE	4:26	55 VL	2:7	8 CVV
13:8	162 VL	5:1	24 PVE	2:8	62 PN
14:7	84 FV	5:1	27 PVE	2:14	75 PN
14:8	124 VL	5:13	28 PVE	2:21	101 FV
14:10	138 PVE	5:13	133 PVE	3:2	145 PN
14:26	1 PN	5:13	128 VL	3:2	74 VL
15:2	149 PN	5:25	13 CVV	3:11	40 FV
15:13	68 CVV				

Palavras de vida eterna

Capítulo Versículo	Capítulo Obra	Capítulo Versículo	Capítulo Obra	Capítulo Versículo	Capítulo Obra
3:13	50 FV	4:14	127 VL	7:7	21 FV
3:13	34 PVE	4:15	159 PVE	7:27	139 PN
3:14	81 PVE	4:15	14 VL	8:10	40 PN
3:14	50 VL	4:16	148 CVV	8:11	41 PN
4:4	61 PN	5:4	117 PN	10:6	21 VL
4:6	86 PVE	5:8	156 FV	10:8	48 PN
4:6	146 PVE	5:8	107 PVE	10:16	81 VL
4:8	15 PN	6:6	107 PN	10:24	176 FV
4:8	20 PVE	6:7	47 FV	10:24	116 PVE
4:11	29 CVV	6:7	119 PVE	10:32	60 PN
4:11	85 PVE	6:8	9 FV	10:35	128 FV
4:12	56 PN	6:10	57 CVV	10:36	129 FV
4:13	79 PN	6:10	48 PVE	11:8	3 FV
4:19	73 FV	6:19	63 PVE	11:25	42 FV
4:20	11 FV	\multicolumn{2}{c}{II Timóteo}	12:1	12 FV
4:22	75 CVV	1:6	30 VL	12:1	85 FV
\multicolumn{2}{c}{Colossenses}	1:7	84 PVE	12:1	76 PN
2:6	73 PN	1:7	31 VL	12:4	79 VL
2:8	58 PVE	1:13	97 PN	12:6	22 VL
3:2	177 PN	1:17	95 VL	12:7	88 PN
3:8	147 PN	2:2	87 PN	12:11	6 FV
3:12	89 VL	2:6	31 FV	12:12	52 FV
3:13	163 FV	2:7	1 FV	12:12	99 FV
3:14	5 VL	2:15	145 PN	12:13	86 PN
3:15	163 PN	2:15	132 PVE	12:15	123 VL
3:16	125 FV	2:16	73 VL	12:28	178 FV
3:17	22 PVE	2:21	78 VL	13:1	141 PN
3:17	108 VL	2:22	151 CVV	13:2	141 PVE
3:23	57 PN	2:24	98 PN	13:5	41 FV
4:2	108 VL	3:12	77 VL	13:5	142 PVE
4:6	77 PN	3:16	121 FV	13:9	134 PN
4:16	143 VL	4:7	148 PVE	13:10	93 FV
4:18	140 PN	4:21	66 VL	13:14	28 VL
\multicolumn{2}{c}{I Tessalonicenses}	\multicolumn{2}{c}{Tito}	\multicolumn{2}{c}{Tiago}
4:4	156 VL	1:15	34 FV	1:4	55 PVE
4:9	138 FV	1:16	116 CVV	1:4	67 PVE
4:9	10 PN	2:1	62 PVE	1:4	77 PVE
4:11	136 FV	2:1	16 VL	1:6	165 FV
4:11	37 VL	2:8	43 FV	1:6	22 PN
5:8	98 FV	3:3	179 PN	1:8	29 VL
5:9	139 FV	3:14	25 VL	1:12	101 PN
5:13	65 PN	\multicolumn{2}{c}{Filemom}	1:14	129 CVV
5:13	45 PVE	1:14	120 PVE	1:17	52 CVV
5:16	50 PVE	1:14	165 PVE	1:19	77 CVV
5:18	155 FV	1:18	17 CVV	1:22	165 PN
5:19	135 PN	\multicolumn{2}{c}{Hebreus}	1:22	95 PVE
5:21	53 PVE	1:2	148 FV	1:25	8 FV
5:21	154 VL	1:11	72 CVV	1:27	139 PVE
5:25	17 PN	3:4	71 VL	2:14	140 PVE
\multicolumn{2}{c}{II Tessalonicenses}	3:13	69 PN	2:17	39 FV
3:2	23 PN	3:15	169 VL	2:17	5 PVE
3:13	11 PN	5:9	16 PN	2:17	106 PVE
\multicolumn{2}{c}{I Timóteo}	5:13	51 CVV	2:19	20 FV
1:7	15 VL	6:1	83 FV	2:19	137 FV
1:15	38 PVE	6:7	117 CVV	3:6	170 PN
2:2	39 PVE	6:9	59 CVV	3:10	173 PVE
2:8	84 PN	6:15	103 FV	3:10	179 VL
3:9	131 VL	6:15	68 PVE	3:14	36 VL
				3:17	14 PN

Capítulo Versículo	Capítulo Obra	Capítulo Versículo	Capítulo Obra	Capítulo Versículo	Capítulo Obra
3:17	87 PVE	3:11	27 VL	2:6	167 FV
4:8	18 CVV	3:13	173 CVV	2:10	159 FV
4:11	151 FV	3:17	64 PN	2:11	158 FV
4:12	46 CVV	4:8	122 FV	2:21	96 PN
4:13	119 FV	4:8	99 PN	3:11	95 PN
4:14	170 VL	4:10	61 CVV	3:18	130 VL
4:15	105 PVE	4:10	130 FV	4:1	69 CVV
4:17	99 PVE	4:13	83 CVV	4:6	84 VL
5:3	24 CVV	4:16	80 VL	4:6	109 VL
5:5	80 FV	5:2	26 PN	4:18	4 PVE
5:9	96 PVE	5:3	69 VL	4:20	71 FV
5:9	100 PVE	5:7	8 PN	4:21	23 PVE
5:9	118 VL	**II Pedro**		4:21	167 VL
5:15	86 FV	1:1	154 PVE	**II João**	
5:16	102 FV	1:1	112 VL	1:6	110 VL
5:16	157 VL	1:5	122 PVE	1:8	120 CVV
5:20	178 VL	1:6	121 PVE	1:10	83 VL
I Pedro		1:14	12 PN	**III João**	
1:9	92 VL	1:20	Pref. CVV	1:11	122 PN
1:22	90 VL	1:21	156 CVV	**Judas**	
2:5	133 VL	2:11	131 CVV	1:3	49 VL
2:13	81 CVV	2:14	169 PN	1:10	48 CVV
2:15	60 CVV	2:19	99 CVV	**Apocalipse**	
2:21	171 FV	2:19	132 CVV	2:10	26 CVV
2:21	117 VL	3:17	43 VL	2:21	92 PN
3:8	114 PVE	3:18	46 VL	3:18	135 CVV
3:9	118 PN	**I João**		22:17	152 FV
3:10	80 PVE	1:7	41 PVE	22:20	10 FV
3:10	109 PVE	2:6	134 FV		
3:11	79 FV				

Índice geral[7]

A
Ação
  sacrifício – 19
  triunfo passageiro – 19
  venturosa – 44
Acontecimento
  passado – 125
  valor – 151
Adoração – 23
Adversário
  caridade e prudência – 178
  reconciliação – 178
Afeto
  amizade – 110
  amor – 110
  entendimento – 110
  paciência – 110
Aflição – 115
  agente do bem – 109
  amor – 121
  arte – 121
  atitude – 135
Agentes magnéticos de indução – 156
Agitação – 152
Agonia – 146
Amigo
  desertor – 113
  morte – 81
  solidão – 81

Amor
  desvarios – 32
  glória – 8
  inimigos – 111
  paciência – 121
  perfeito – 4
  temor – 4
  temperança – 121
  tudo sofre – 32
Ananias
  Paulo de Tarso – 148
Angústia
  remédio divino – 162
Animal
  sacrifício – 134
Ansiedade – 176
Aperfeiçoamento – 63, 90
Apontamento
  depreciativo – 111
Aprendizado
  aquisição – 95
  Evangelho – 95
  professor – 95
Ascenção espiritual
  deveres – 134
  talentos de Deus – 7
Astronomia – 138
Atitude
  negativa – 179
  redentora – 18
  sofrimento – 18

Ato social
  boa impressão – 169
  familiares – 169
Autodefesa – 65
Avareza
  necessidade fantasiosa – 142
  tesouro infrutífero – 142

B
Bem
  ação – 163
  construção – 103, 145
  crescimento – 2
  espiritual – 74
  mal – 169
  passageiro – 119
Bênção Divina
  colaboração – 180
  encorajamento – 180
  suprimento de energia – 180
  tolerância e serenidade – 180
Benfeitor espiritual
  cooperação – 11
  intervenção do céu – 11
  rogativa – 11
Boa-Nova
  afirmações labiais – 157
  aprendizes – 26
  consolo – 127

---

[7] N.E.: Remete ao número do capítulo.

cura – 127
dúvidas – 26
impedimentos morais – 127
Paulo de Tarso – 157
queixas – 26
realidade espiritual – 127
Boas obras
brilhe a vossa luz – 13
caridade – 13
Bondade humana – 94, 140
Bondade suprema – 130

C
Calamidade
inquietação – 86
julgamento falso – 86
Calúnia – 115
Caridade
beneficência – 94
bondade – 94
brilhe a vossa luz – 13
burilamento espiritual – 13
esclarecimento – 180
frase – 180
Madalena – 49
parente – 98
prudência – 178
recursos alheios – 93
servir bem – 93
Simão Pedro – 49
tolerância – 180
verdadeira – 41
Zaqueu – 49
Catástrofe
cooperação – 79
moléstias estranhas – 79
Combate
imperfeição – 148
Paulo de Tarso – 148
Compaixão – 69
Companheiro
apoio – 116

necessitado – 116
Comportamento
alheio – 100
bem – 169
mal – 169
Comunhão espiritual
recursos – 149
Confiança
esperança – 50
riqueza da saúde – 50
trevas da noite – 50
vontade divina – 50
Conformismo – 131
Conforto – 151
Conhecimento
bondade – 122
edificante – 122
fé – 122
superior – 179
Conquista na carne – 19
Consciência tranquila – 65
Contribuição – 45
Conversação
ação – 164
Cristo – 175
palavra torpe – 164
ruína moral – 164
Coração
envenenado – 33
puro – 36
Cristão
testemunho do Senhor – 168
Cristianismo
ajustamento pessoal – 160
fórmulas especiais – 160
manifestações externas – 160
pontos de vista – 160
Cristianismo
autoeducação – 154
fé – 154
privilégios – 154

Crítica – 99, 155
Cruz, nossa
desencarnado – 74
encarnado – 74
redenção – 74
responsabilidade – 74
Culpa – 167
vaidade – 165

D
Defesa desnecessária – 65
Delinquente – 45
Descanso
exagero – 152
inércia – 152
Desculpismo – 128
Desgosto – 33
Desnorteamento
auxílio – 77
paciência – 77
Destino – 44
Deus
comunhão – 5
convicção – 137
desígnio – 82, 138
elevação espiritual – 5
espíritos perversos – 137
existência – 137
glória – 17
glorificação – 5
imanência – 137
nós – 158
obras de amor – 17
pai de todos – 99
rogativa – 166
sabedoria – 138
sol – 92
vontade – 50, 158
Devassidão – 133
Devotamento – 129
Dificuldade
contemporização – 145
desafios – 56
interferência divina – 162

isenção – 56
renúncia ao bem – 162
trama das sombras – 56
Dinheiro
   avarento – 48
   perigoso tirano – 48
   propriedade – 48
   uso caridoso – 48
Discernimento
   correção – 179
Disciplina
   impositivo inevitável – 133
   liberdade – 133
Discípulo de Jesus
   luta – 112
   padrão – 112
Dom divino
   criatura – 84
   espiritual – 84
   ignorância – 84
   medo – 84
   responsabilidade – 84
   ruína – 84
Doutrina Espírita
ver Espiritismo

E
Educação
   educador – 147
   exemplo – 144
Egoísmo
   consequência – 32
   culto – 6
   desintegração – 131
   inteligente – 144
Egoísmo – 167
Elevação espiritual
   comunhão com Deus – 5
   possibilidade – 179
   serviço aos semelhantes – 5
   trama obsessiva – 179
Emoção
   Boa-Nova – 31
   treva – 31

Enfermidade
   alma – 67
   corpo – 67
   ingratidão – 67
   paciência – 67
   pensamentos – 61
   perdão – 61
Engano
   contemporização – 158
Ensinamento evangélico
   autenticidade – 126
   sofisma – 126
   verdade – 126
Entendimento
   censura – 76
   desacordo – 76
   entendimento – 76
   real – 41
   verbo nobre – 76
Equilíbrio espiritual
   campo espiritual – 59
   maledicência – 59
   paz – 59
Escândalo
   noticiário – 62; 72
Escrita
   mente amadurecida – 53
   retenção do bem – 53
Espírita
   comportamento – 25
Espiritismo
   aperfeiçoamento individual – 118
   construção do bem – 128
   ensinamento – 62
   esclarecimento – 88
   escrita – 53, 104
   escritor – 118
   esperança – 96
   Espírito e vida – 118
   filósofo – 87
   frase segura – 87
   impacto – 52
   importância – 52

intenção – 87
interesse – 62
noticiário – 62
orador – 118
paixão – 121
pensamento – 121
recurso do Céu – 109
religião pura – 139
sentimento – 22, 87, 135
temperança – 121
testamento do Cristo – 83
Espírito
   valores – 150
Estudo
   culto do Supremo Senhor – 122
   ignorância – 122
Evangelho
   dom – 88
   palavra – 88
   Paulo de Tarso – 159
   pregação e demagogia – 159
Evolução
   animal irracional – 120
   atitude – 139
   ditames – 123
   estágio – 139
   pedra – 120
   vegetal – 120
Excesso
   inútil – 144
   loucura – 163
   manutenção – 73
   patrimônio físico – 73
   vigilância – 73
Êxito
   mania de grandeza – 64

F
Família
   dívida secular – 107
   fé – 169
   gentileza – 107

imposição – 161
pai carrasco – 107
Fanatismo – 122, 170
Fariseu
　omissão da verdade – 171
Fé
　conformismo – 158
　família – 169
　intermediários
　humanos – 15
　médium espírita – 15
　obras – 5
　padre católico – 15
　pastor reformista – 15
　renúncia – 15
　renovação – 158
　roteiro – 15
　sem obras – 106
Felicidade
　alheia – 167
　enfermos – 78
　mundo – 78
Fidelidade a Deus – 172
Filho pródigo – 97
Flagelos da tentação – 21
Fraqueza da alma – 88
Fraqueza humana
　conduta do Cristo – 35
　Maria de Magdala – 35
　Simão Pedro – 35
　Zaqueu – 35
Fraternidade
　ação – 180
　adoração – 23
　amizade – 114
　auxílio mútuo – 114
　imposição – 163
　necessidade alheia – 180
　plantação do bem – 23
　serviço – 23

G
Gesto amigo – 129
Glória
　conquista – 6

H
Hábitos viciosos – 128
Heroísmo – 123
Hesitação – 176
Homens
　de bem – 80
　tipos de – 51
Hospitalidade
　coragem – 141
　momento de
　atenção – 141
　pensamento de paz – 141
Humanidade
　comandantes da
　perturbação – 174
　crentes fanáticos – 174
　Cristo – 174
　harmonia – 144
　inimigos do
　progresso – 174
　lição de Jesus – 169
　tiranos – 174

I
Ideais
　caridade – 178
　clareza e ponderação – 178
　prudência – 178
Ideal
　hostilização – 89
Ignorância
　delito e abuso – 122
　fanatismo – 122
Imortalidade da alma
　dúvidas – 26

Incerteza – 176
Incompatibilidade – 41
Independência
espiritual – 58
Inércia
　meditação – 152
　repouso – 152
Influência
　má – 21
　pessoal – 45
Inimigo – 111
Inquietação
　calamidade – 86
　dúvida – 172
　espinho no lar – 86
　julgamento falso – 86

J
Jesus
　ação – 85
　adoradores – 174
　adversários – 174
　amarga solidão – 136
　amigos reais – 174
　amor incondicional – 14
　aproximação – 168
　atitudes – 175
　auxílio – 9, 170
　bom ânimo – 136
　caminho e sustento – 176
　companhia
　constante – 142
　compartilhamento
　na obra – 175
　cooperação com – 85
　crentes fanáticos – 174
　fariseus – 171
　flagelação – 136
　incompreensão – 136
　influência – 175
　Judas – 24
　legião de erros – 167
　liberdade – 24, 27
　lições – 169

mãos – 37
materialização – 171
mente humana – 28
mentor vigilante – 149
multidão faminta – 9
nós – 157
obsessão – 168
paciência e não
  conformismo – 171
palavra – 118
pão da vida – 134
Paulo de Tarso – 85
paz – 57
perseguição e
  extermínio – 14
preferência pelos
  menos felizes – 147
procedimento – 24
renovação – 170
respeito à ordem – 27
revelações – 175
rogativa – 9
sublime intimidade – 135
Judas
  nós – 12
  paixão política – 12; 24
  perante Jesus – 12
Julgamento
  conversação – 100
  exagero – 100

L
Lei eterna – 40
  ofensa – 100
Lamentação – 143
Lar
  apoio – 141
  bondade e
    cooperação – 108
  clima mental – 63
  convivência – 141
  harmonia – 141
  irritação – 63
  passado culposo – 63

paz do mundo – 108
tranquilidade – 63
Lázaro
  Plano Espiritual – 75
Lei Antiga
  escribas – 112
Liberdade
  desilusão – 75
  devassidão – 133
  disciplina – 133
  expiação – 75
  honra – 58
  melhora – 133
  rebeldia – 133
Língua
  brecha perigosa – 164
  homem de bem – 80
Livre-arbítrio
  animal irracional – 120
  maioridade na
    Criação – 120
  malfeitores – 105
  planos de ação – 105
  prática do bem – 120

M
Mal
  calúnia – 10
  desconhecido – 146
  guerrear – 10
  Humanidade – 30
  preguiça – 10
  vitória sobre – 10, 30
Maledicência – 10, 20
Malfeitor – 80
Mandamento cristão – 101
Manifestação espiritual
  ciência – 42
  cura – 42
  profecia – 42
  sabedoria – 42
Mão de Deus
  paz – 80
  socorro invisível – 80

Mãos
  indisciplina – 37
  Jesus cura – 37
  prática do bem – 37
  sombras do mal – 37
  usura – 37
Maria de Magdala – 35
Medicina
  profissional – 138; 147
  devotamento – 129
Mediunidade
  bênção da caridade – 43
  diversidade – 43
  edificação espiritual – 43
  esperança e
    consolação – 42
  humildade – 43
  Paulo de Tarso – 21
  riqueza espiritual – 21
  tentação – 21
Meia-bondade – 30
Mentira
  desilusão – 89
  ideal – 89
  incompreensão – 89
Misericórdia Divina – 81
Morte – 142
Mundo
  engano – 158

N
Natureza
  renascimento – 90
Necessidade humana
  brandura – 171
  compreensão – 171
  paciência – 171
  tolerância – 171

O
Obra particular – 82
Olhar negativo – 71
Operários anônimos – 54
Opositor
  cooperação – 178

defesa da obra – 178
encargo de direção – 178
reconciliação – 178
respeito – 178
Oração
  justiça divina – 159
  resposta – 171
  Oração *ver também* Prece
Otimismo – 162
Ouvir
  boato – 72
  mexerico – 72

P

Paciência – 55, 72, 78
  enganos do mundo – 131
  felicidade no lar – 77
  força – 67
  instituição – 77
  mal – 30
  medida certa – 67
  prejuízo – 68
  sofrimento – 68
Pacificação
  menosprezo – 70
  paz do mundo – 70
  perturbação – 70
  trabalho – 70
Pai
  desânimo – 97
  filho – 91
  filho pródigo – 97
  remédio adequado – 97
  solidariedade – 91
Palavra
  atos – 22
  audição – 52
  auxílio verbal – 109
  bondade e perdão – 22
  censura – 96
  chaga aberta – 96
  cientista – 87
  compreensão – 109
  coração – 22

desperdício – 62
diplomacia – 121
dom – 96
Pão
  sustendo mundial – 134
Parente
  caridade – 98
  ciúme – 98
  complicado – 177
  filho pródigo – 97
  infeliz – 78
  irmão egoísta – 98
  testemunha de quitação – 107
Pastor religioso
  conflito – 83
  Evangelho – 83
Patrimônio
  desvario – 119
  físico – 73
  poder – 119
  vantagem efêmera – 119
Paulo de Tarso
  Ananias – 148
  combate – 148
  cooperação com Jesus – 85
  prisão em Roma – 85
Paz
  catástrofe – 79
  conquista – 45
  contribuição individual – 45
  Cristo – 57
  delinquente – 45
  dever cumprido – 47
  espiritual – 57
  garantia – 173
  inércia – 47
  lei de Deus – 79
  mundo – 57, 70, 108
  ressentimento – 173
  segurança da vida – 47
  sementes – 45
  serenidade – 47

socorro do próximo – 46
sustentação – 46
tolerância e fraternidade – 46
tranquilidade alheia – 173
vizinho – 173
Pensamento
  ambiente doméstico – 20
  criança – 117
  sofrimento – 117
  vida – 20
Perdão – 61, 66
Perturbação
  auxílio da prece – 33; 145
Pessimismo – 80
Plano inútil – 106
Poder
  megalomania – 119
  soberba – 165
Posse material – 165
Prece
  discórdia – 91
  intercessória – 39
  Prece *ver também* Oração
Prejulgamento – 41
Preocupação
  descontrolada – 146
  desmedida – 55, 64
  vitória real – 64
  pressa – 152
Prestação de contas
  si mesmo – 102
Pretérito ominoso – 36
Projetos
  boas obras – 77
Provação – 78, 11, 172

Q

Queda moral – 143

R

Realidade do Espírito – 144
Rebeldia – 146
Reclamação
  acusação – 99

Palavras de vida eterna

crítica – 99
furto – 99
virtude – 99
Recomeço
  bênção de Deus – 1
  lembranças amargas – 1
Reconciliação – 111
Recurso material
  função – 113
  sofrimento – 113
Reencarnação
  aprendizado – 177
  calúnia – 177
  correção de erros – 177
  dolorosa – 104
  ensinamentos novos – 91
  falhas do passado – 177
  parentela complicada – 177
  regaço maternal – 147
  trabalho – 177
Regra áurea – 66
Religião
  atitudes diversas – 139
  compromisso – 140
  consciência reta – 132
  crença – 140
  definição de Tiago – 139
  deveres da vida – 132
  Espiritismo – 139
  inquietação – 132
Renovação
  espiritual – 90, 155, 161
  sentimento – 161
Responsabilidade
  fuga – 124
  serviço do Mestre – 124
Ressentimento – 173
Revelação Divina
  ciência – 58
  filosofia – 58
  mutilação – 58

Riqueza espiritual – 49
Rixa
  classes – 163
  queixas – 173
Rogativa
  concessão – 166
  conveniência – 166
  proveitosa – 151
  prudência – 151

S
Sabedoria – 87
Salvação
  alcance – 38
  caminhos da Terra – 38
  chamamento – 153
  conceito – 29, 38, 153
  Espiritismo – 25
  Evangelho – 25
  médium – 25
  mediunidade – 25
  oportunidade – 153
  renovação – 153
  trabalho redentor – 25
  tranquilidade – 29
  triunfo – 29
Saulo de Tarso – 35
Seguidor do Cristo
  desilusão – 125
  enfermidade – 125
  palavra e ação – 22
  passado delituoso – 125
  pensamento e sentimento – 22
  pensamento pessimista – 125
Senda do Cristo
  amor aos inimigos – 16
  obstáculos – 16
  penitência – 16
Serenidade – 47
Serviço
  edificante – 145
  incompleto – 40

remunerável – 129
Simão Pedro – 24, 35, 123
Socorro invisível – 80
Sofrimento
  atitude cristã – 18
  Bondade Divina – 117
  redenção – 18
  regência – 142
  renovação do Espírito – 117
Solidariedade
  doação – 91
  prece – 91
Sombra
  Boa-Nova – 31
  emoção – 31
Sovinice – 170
Sublimação acústica – 72

T
Tendências – 63
Tentação
  assédio – 36
  cobiça – 21
  crueldade – 21
  luxúria – 21
  queda – 143
  vigília – 3
  vingança – 21
Terra
  acolhimento – 60
  bênção divina – 60
  beneficência – 92
  escola regenerativa – 60
  misericórdia divina – 92
Tesouro espiritual – 8
Testemunho de fé – 172
Tolerância
  construtiva – 55
  fraternidade – 46
Trabalho
  acontecimentos – 115
  fidelidade – 115
  interrupção – 34

lamento – 34
queixa – 34
Tranquilidade alheia – 173
Transformação – 161

U
Universo
  amor – 91
  solidariedade – 91

V
Valor
  espiritual – 54
  moral – 155
Vantagem
  financeira – 113
  pessoal – 167
Vaso de fel – 14
  velhice
  lei que rege – 142
Vencer o mundo – 136
Verbo
  controle – 164
  sentimento – 164
Verdade
  preguiça – 124
  imprudência – 124
  ensinamento
  evangélico – 136
  libertadora – 130
Vida
  débito escabroso – 104
  desígnios divinos – 101
  energia mental – 146
  escândalo – 146
  harmonia – 146
  justiça suprema – 130
  motivo supérfluo – 146
  obras – 101
  preocupação – 146
  reencarnações
  dolorosas – 104
  salário moral – 101
  sentido espiritual – 104
  testemunho – 95
Valor autêntico – 20
Vigília
  conceito – 3
  repouso – 3
  tentação – 3
Virtude
  adquirida – 168
  bondade – 40
  entendimento – 40
  paciência – 40
  tolerância – 40
Vizinho – 173
Vontade de Deus – 50

Z
Zaqueu – 35

FEB Fonte Viva

COLEÇÃO

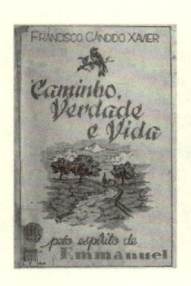

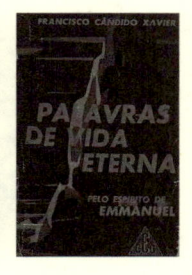

| 1949 | 1950 | 1952 | 1956 | 1964 |

BIOGRAFIA DE
CHICO XAVIER

Um dos mais destacados expoentes da cultura brasileira do século XX, Chico Xavier nasceu em 1910 e, desde os 5 anos, começou a ver e ouvir os Espíritos, tendo estabelecido com eles um relacionamento que deu resultado à publicação de mais de 400 obras.

Esse intenso trabalho foi interrompido apenas em 2002, ano de sua desencarnação, e resultou em um acervo de diversos gêneros literários, como poemas, contos, crônicas, romances, obras de caráter científico, filosófico e religioso.

Testemunhando qualidade literária extraordinária, as obras de Chico Xavier são um autêntico sucesso editorial e já alcançaram mais de 25 milhões de exemplares somente em língua portuguesa. Muitos de seus livros são *best-sellers* indiscutíveis, inspirando a produção de filmes, peças de teatro, programas e novelas de televisão.

De personalidade bondosa, nosso querido Chico sempre se dedicou ao auxílio dos mais necessitados; o trabalho em benefício do próximo possibilitou ao médium a indicação, por mais de 10 milhões de pessoas, ao Prêmio Nobel da Paz de 1981. No ano de 2012, Francisco Cândido Xavier foi eleito "O maior brasileiro de todos os tempos", em evento realizado pelo Sistema Brasileiro de Televisão (SBT).

BIOGRAFIA DE
EMMANUEL

Conhecido por ser o guia espiritual do médium Francisco Cândido Xavier, o Espírito Emmanuel tem atuação de destaque no campo do estudo, prática e divulgação do Evangelho de Jesus a partir da Doutrina Espírita. O mentor fez parte da equipe que auxiliou Allan Kardec na Codificação e assinou a primeira, das duas mensagens, intitulada "O egoísmo", item 11, disponível no capítulo XI de *O evangelho segundo o espiritismo*.

Por meio de suas expressões literárias, Emmanuel revelou suas encarnações mais conhecidas: o senador romano Publius Lentulus, o escravo Nestório, o padre Manuel da Nóbrega e o padre Damiano. O primeiro encontro com Chico Xavier aconteceu em 1931, quando confidenciou ao médium os planos de publicar 30 obras. Emmanuel foi o coordenador de todo o trabalho psicografado por Chico. A parceria entre os dois trouxe à luz mais de uma centena de obras espíritas, das quais 60 fazem parte do catálogo da FEB e três foram inseridas entre os dez melhores livros espíritas do século XX.

Traduzidos para vários idiomas, os livros de Emmanuel englobam romances históricos, mensagens e conselhos espirituais, entre outros, que repassam profundo conhecimento sobre a mensagem do Cristo, seu estudo e sua vivência.

www.febeditora.com.br

/febeditora /febeditoraoficial /febeditora

Conselho Editorial:
Jorge Godinho Barreto Nery – Presidente
Geraldo Campetti Sobrinho – Coord. Editorial
Cirne Ferreira de Araújo
Evandro Noleto Bezerra
Maria de Lourdes Pereira de Oliveira
Marta Antunes de Oliveira de Moura
Miriam Lúcia Herrera Masotti Dusi

Produção Editorial:
Elizabete de Jesus Moreira

Revisão:
Federação Espírita Brasileira e União Espírita Mineira

Capa:
Luciano Carneiro Holanda

Projeto Gráfico:
Luciano Carneiro Holanda
Rones José Silvano de Lima – instagram.com/bookebooks_designer

Diagramação:
Thiago Pereira Campos

Foto de Capa:
http://www.freepik.com/Artfotodima

Normalização Técnica:
Biblioteca de Obras Raras e Documentos Patrimoniais do Livro

Esta edição foi impressa pela Ipsis Gráfica e Editora S.A., Santo André, SP, com tiragem de 6 mil exemplares, todos em formato fechado de 155x230 mm e com mancha de 118x186 mm. Os papéis utilizados foram o Off white 80 g/m² para o miolo e o revestimento Couché Fosco 150 g/m² para a capa dura. O texto principal foi composto em fonte Adobe Garamond 16/19 e os títulos em Adobe Garamond 32/28. Impresso no Brasil. *Presita en Brazilo.*